i

为了人与书的相遇

日本风俗小物

百年老铺传承的生活智慧

[日] 中川政七商店　编著

颜衡晟　译

广西师范大学出版社

·桂林·

目录

前言

　　日本保留并重视着自古以来的节日活动和风俗习惯。为了迎接阖家团聚的正月[1]新年、传统佳节、节气祝祭，人们需要做各种准备。诞生于这样一种文化中的生活用品，经众多手工匠人制作而成，为人们带来便利的生活。

　　笔者有幸拜会了多位来自日本各地的生产者，长久以来深感他们对"产品制造"抱有自豪感与热情。与此同时，笔者也一直见证着他们在日常生活中自如使用工艺品的那份悠然自若。这些工艺品各自的历史背景和专业知识自不必说，还有许多我似懂非懂的小知识蕴含其中。我不禁想向大家讲述自己点点滴滴的发现与感动，遂连同日本人生活中的岁时记[2]一起介绍给读者。

　　明治时代（1868—1912）以前日本使用的"旧历"和现在的"新历"之间相差约一个月，本书将会兼顾新旧历的岁时记，详解个中趣味。想要解开自古传承的日本文化的神秘面纱，理解旧历至关重要，让我们一起探究跟随月相变化与自然韵律而流转的旧历吧。另外，各地的

1　正月：在日本，原本是指公历中一年的第一个月，现在也专指新年假期，通常是1月的前3天，或者前15天。译者注。本书如无特别说明，注释皆为译者注。

2　岁时记：也写作"岁事记"，指总结节令风物故事的书。现存最古的岁时记是中国6世纪的《荆楚岁时记》，奈良时代（710—794）传至日本，由此日本有了"岁时记"的说法。

传统节日活动风俗习惯迥异，名称和日期也诸说纷纭。正所谓"温故而知新"，请以现代生活的形式，去感受古老优良的日本传统文化的乐趣吧。在纷繁的日常中，也能领略文化流转和四季变迁，如此，幸福便会来到我们身边。

中川政七商店成立三百年来，一直坚持制作手工纺织的麻织物，在切实继承传统的同时，也在积极吸取不同时代的先进文化。

通过管窥制造者的心境与生活，使读者们在使用生活用品时更多一分眷恋，没有比这更令人开心的事了。

中川政七商店选品人

细萱久美

岁时记与生活小知识

睦月

むつき／一月

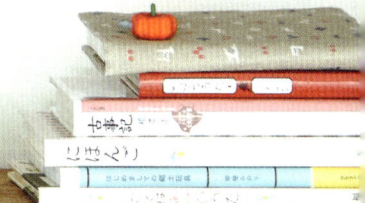

正月装饰

　　正月里，亲朋好友会欢聚一堂，享宴酣之乐，和睦地度过"睦月"。除此之外，"睦"字还有一个说法，是从意为新事物诞生的"生月"[1]而来。

　　元旦，为迎接送福的年神，而诞生了各种各样的仪式和风俗习惯。首先，让我们以正月装饰邀请年神下山，祈愿新年好运来吧。

　　设"注连饰"[2]，以净化迎接年神的场所；置"门松"，作为防止年神迷路的路标；摆"镜饼"[3]，当作祭祀年神的供品。凡此种种传统装饰，正月里还有很多。此外，还可以收集红白色或含有吉祥寓意的小物品来做装饰。

　　希望大家通过挑选或亲手制作与室内装饰相匹配的设计物件，在享受排列布置的乐趣的同时，把日本的传统风俗传承下去。

1　"睦"的日语读音为"mu"，"生月"中"生"的日语读音为"umu"。
2　"注连绳"即划分神域与现世的绳子，"注连饰"则需要进一步在注连绳上系上有吉祥寓意的装饰。
3　镜饼：主体由两个或三个扁圆年糕堆叠而成的新年装饰，近年来也会用木料等其他材料代替年糕制作。

系结心灵的美丽水引[1]

　　"水引"是为正月增添华丽色彩的日本传统工艺。飞鸟时代，小野妹子[2]自隋朝带回的礼物上系着红白的麻线，相传就是水引的起源。"结"这种美好的传统物件中，倾注了人们结真心、结良缘的愿景。此外，"结"也有"结魂"这一神圣行为的意思，据说以前神社的注连绳里也会用到水引。

　　长泽宏美女士是福冈县博多"长泽彩礼店"的第二代传人、"博多水引"设计师。她的注连饰作品的精髓在于强烈的立体感和设计感。"公家们收集变旧的麻线，重新染上五色，宛如鸭川水面的百花，为水流所牵引，故而名之为'水引'。水引的词源众说纷纭，但是这种说法更浪漫吧？"长泽女士结着水引，笑着对我们说。

　　长泽女士教我们的是水引的基本编结方法——鲍结。镜饼饰上的"代代橘"（P.3）也采用了鲍结。在这里为初学的读者介绍简略的编结方法，稍作变形便能产生不同的乐趣。试着在正式场合使用的筷子袋、放压岁钱等的小纸袋上，运用水引增添一抹色彩和别样的心思吧！

1　水引：日本的传统绳结艺术。用于迎春、贺正、祝寿、祭祀、婚丧等礼仪场合，是馈赠礼品时所用的装饰品。
2　小野妹子（565—625）：日本飞鸟时期的政治家。根据《日本书纪》记载，他以遣隋使的身份，于 607 年、609 年两度出使隋朝。

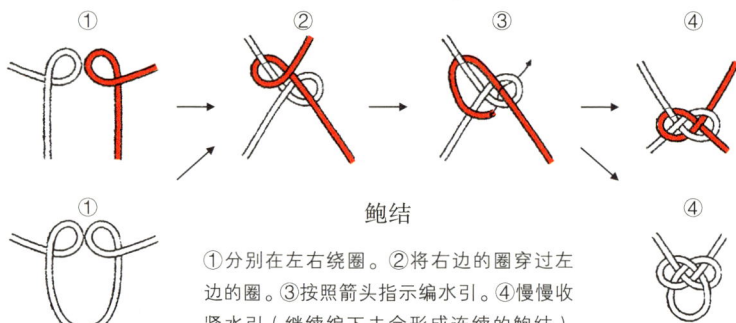

① ② ③ ④

① 鲍结

① 分别在左右绕圈。②将右边的圈穿过左边的圈。③按照箭头指示编水引。④慢慢收紧水引（继续编下去会形成连续的鲍结）。因形状与象征不老长寿的鲍鱼相似，故名为"鲍结"。

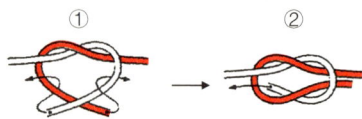

④

① ②

本结

①按照箭头指示编水引。②慢慢收紧水引。在袋子等物上固定水引时，于背面用本结连接两端。

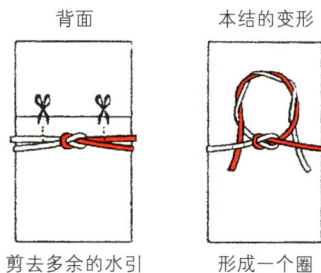

背面　　　　　本结的变形

剪去多余的水引　　　形成一个圈

6

新年时上供、食用的日本年糕文化

用米不同，年糕的味道也会不同。我曾经做过一个名为"全日本年糕大比拼"的冬日特别企划，能品尝到用日本五个产地的糯米制成的年糕。"前原制粉"的前原启作先生熟谙年糕的文化历史。彼时，我和前原先生一同供镜饼、吃杂煮，听他娓娓道来正月与年糕的关联，受到先生莫大的帮助。

"米是年糕的原材料，为古代日本人的定居生活提供保障，支撑着璀璨的日本饮食文化。米已然成为日本人的精神基石。所以，人们认为用米制作而成的年糕中寄居着'稻之灵'。正因如此，人们一直以来都将年糕作为正式场合的食物加以重视。"

为辞旧岁、迎年神、祈求新年幸福，日本人要在家人聚集的客厅、和室的壁龛等屋内重要之处摆放镜饼，以作供品。"圆"作为圆满的象征被推崇至今，古人认为神明寄居于圆镜中，而满月又称"望月"[1]，据说这就是镜饼的名称由来。一月十一日（部分地区是四日或二十日）为"开镜之日"。用刀劈开不吉利，自古流传的风俗是用木锤"开镜"。

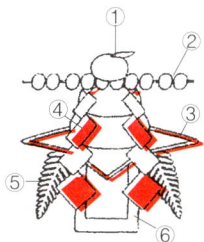

① **代代橘**[2]：寓意家族"代代"兴旺的吉祥之物。
② **串柿**：柿是寓意吉祥的长寿之物。
③ **四方红**：红色代表辟邪。
④ **御币**：象征稻穗的神圣之物。
⑤ **里白**：因背面为白色，意味着表里如一、"清廉洁白"。
⑥ **昆布**[3]：通"喜"，喜悦。

1　日文中，"望"与"饼"同音。
2　代代橘：日文原文为"橙"（daidai），与"代々"（daidai）同音。
3　昆布：读作"kunbu"，意为海带，在日文中，与"喜悦"（喜ぶ）一词读音相近。

圆形年糕和方形年糕的杂煮

新年吃杂煮是自室町时代流传下来的习俗之一。因各地都使用当地食材，所以更具有乡土特色。

原本，用杵棍将熟糯米捣至筋道后，再一个一个搓圆制成的圆形年糕才是主流，但到了江户时代，方形年糕文化普及开来。方形年糕是将刚捣好的年糕在"饼箱"[1]中压平切分，因此得以快速大量制作。彼时，江户人口激增，因此江户人思考事物时更加重视效率，方形年糕正是他们智慧的体现吧。而在自古以来盛产年糕的糯米产地，比起方形年糕，人们则更钟爱圆形年糕。

"如果能通过年糕来让你们感受日本的饮食文化，也算是一种幸福。"前野先生说道。我们也向他请教了美味杂煮的食谱。

1　饼箱：用来制作、存放年糕的扁平容器。

食谱［1］
东京杂煮

材料（4 人份）：
方形年糕……4 个
鸡腿肉……100 克
小松菜……150 克
鱼糕……4 片
鸭儿芹……适量
柚子皮……适量
汤汁（鲣鱼・海带）……5 杯
酱油、酒……各 1 大勺
盐……1 小勺

制作方法：
①将鸡肉切成一口大小。用盐水焯小松菜后沥干水分，切成适当大小。
②将鸡肉放入汤汁，一边用文火慢炖，一边去除浮沫。
③用酱油、酒、盐调味。
④将年糕烤到表面微焦。
⑤在容器中放入年糕、小松菜，倒入②，再盛入切碎的柚子皮、鸭儿芹、鱼糕。

食谱［2］
京都杂煮

材料（4 人份）：
圆形年糕……4 个
芋头……100 克
萝卜……80 克
金时人参（京都胡萝卜）……120 克
鸭儿芹……1/4 把
柚子皮……适量
汤汁（鲣鱼・海带）……4 杯
白味噌……90 克
鲣鱼干……适量

制作方法：
①将芋头煮熟去皮。将金时人参、萝卜切片。
②将①放入汤汁熬煮，直到煮熟。
③放入年糕，煮至柔软。
④食材煮熟后，放入白味噌调味。
⑤将年糕放入容器，倒入④。盛入鸭儿芹、切碎的柚子皮，撒上鲣鱼干。

* "前原制粉"官网主页（P.129）上有对东京、京都以外的日本杂煮的介绍。食谱来自日本全国的投稿，除了都道府县，还有来自乡间以及家庭的秘方。

七草粥与小豆粥

一月七日是日本五大重要传统节日中的第一个——"人日节"。根据中国传入的习俗，新年的第一天至第六天分别对应不同动物的诞生，而第七天则承载着人类的运势。在日本，这一天也被称作"七草节"，人们祈求健康，会在这天早晨吃七草粥。很久以前，人们相信在初春时节采摘嫩草，边唱《七草杂子》，边用菜刀砧板咚咚敲打，便能驱除邪气。

一月十五日是小正月，人们为了祈求五谷丰穰，将米和小豆煮烂，熬小豆粥吃。一月十五日前后会举行名为"咚咚烧"或"左义长"的火祭，将家家户户的正月装饰和新春试笔[1]收集起来焚烧，恭送年神（部分地区是七日、八日、九日或二十日）。

用现成的饭熬粥当然更快，但我还是更推荐从生米开始煮起。此外，用土锅熬粥，火舌缓缓舔舐锅底，慢慢传递热度，熬成的粥米粒松软饱满，更为美味。

提到土锅，三重县的"伊贺烧"闻名遐迩。据说三重县在地壳变动前位于琵琶湖底，可采集耐热性和保温性优越的黏土，因而盛行土锅的生产制作。

正月里，想必这碗粥能使人们从繁忙的新年活动中偷闲片刻，让疲于消化新年大餐的胃稍作休息吧。

---

1 试笔：日本有过完元旦用毛笔书写、绘画的习俗，也称吉书、初砚等。原本是宫中仪式，江户时代以后推广到民间。

从右上角顺时针

春之七草：水芹、鼠曲草、白萝卜、荠菜、芜菁、宝盖草、繁缕

"松山陶工场"的"温锅"最适合煮粥。以万能料理工具"行平锅"¹为基础进行设计。烹饪完毕后可以连锅一起端上桌。

1　行平锅：由日本平安时代的在原行平发明的一种土锅，后改用金属制作时，锤子敲打出的花纹像雪一样，故又被称为"雪平锅"（与行平锅发音相同）。

专栏 1

鹿形乡土玩具

喜爱乡土玩具的人对于收集、研究玩具的热情非同一般。北村英先生从中学时代开始就痴迷乡土玩具，还参加了全国的乡土玩具爱好会，结识了很多知己。

日本各地的乡土玩具中，有的与地区文化风俗紧密相关，有的受到了祭典、曲艺的影响，还有的是神社寺庙的"授予品"[1]、观光胜地的土产。北村先生说："所谓乡土玩具是一种很暧昧的说法，很多研究人员对此有不同的定义。"其中，能反映出手工艺技术的作品，也可以叫传统工艺品。虽说如此，"除了专注玩具制作的手工匠人外，还有很多是农家闲时作为副业补贴家用制作的"。因此，有些作品虽年代不详、做工粗糙，反而趣味横生。

北村先生的收藏中占第一位的当数奈良的鹿。"今昔对比，以前，材料和色彩都受到很大局限。但是那时的鹿表情丰富、独具匠心，拥有超越时代俘获人心的魅力。我想作为奈良象征的每一头鹿身上，都凝聚着古人的创造力和地域特色。"北村先生热情地向我们倾诉着鹿的魅力。

端详着奈良的鹿，不禁对当时的风土人情、不曾遇见的手工匠人浮想联翩……我想这不正是一场小小的冒险吗？令我们身在现代，却能感受未曾到访过的土地和时代之乐。

张子[2]滚轮鹿
中川政七商店的"新乡土玩具企划"第一弹。鹿玩具作为奈良土产代表，不论任何时代都受到人们的喜爱。

---

1 授予品：在神社寺院求得的御守、绘马等纪念品，意为神赐予之物。
2 张子：用竹、木组成框架或者黏土成形后在其上反复糊纸的日本传统造型技法。

张子鹿

臀部呈直角的鹿、涂满银沙的鹿，多种多样的张子鹿聚在一起。北村先生介绍说："夫妇鹿多，亲子鹿少。"

五色鹿

手捏的鹿身插上细竹脚。诞生于昭和初期的五色鹿，披上鲜艳的色彩复活。

竹艺鹿

在纪念品店门前出售的竹制鹿，巧妙利用了竹节的特性。鹿身造型和色彩各异，趣味横生。

木雕鹿

做工令人联想到"一刀雕"的木雕鹿。有坐卧、吃草等姿势，造型各异。

鹿簪

装饰部分的土鹿长约 8 毫米，其上装有鹿腿和鹿角，上色工艺细致入微。

还有这样的装饰呢。

真是太有巧思啦！！

枫叶和鹿的组合！！

如月

<ruby>如月<rt>きさらぎ</rt></ruby>／二月

冬酿的味噌

人们把冬天的小寒（一月五日前后）称为"入寒"，进入二月后天气也愈加凛冽。一二月的寒冷季节，细菌最少，是做味噌的最佳时期，称为"冬酿"。

山口县防府市的"光浦酿造工业"创设一百五十年以来，一直酿造味噌、酱油等传统调味料。"味噌是将大豆蛋白质分解为麴[1]，转变为美味。因此我们只用山口县产的麦子制作麦麴，此外还用同样产于山口县的大豆、盐等简单材料来酿造味噌。"第八代传人光浦太郎先生站在陈旧的木制大味噌桶前对我说。

就日本全国范围内而言，使用米麴制作的米味噌是主流，而在九州、四国、中国[2]地区，人们更喜爱使用麦麴制作的麦味噌。此外，调配方法、发酵时间不同，味道也会不同。例如，发酵时间长，味辛，制成后是偏红的赤味噌；发酵时间短，色白，制成后是味甜的白味噌。据说中京地区流行的八丁味噌就是以豆麴发酵大豆，前后需要充分发酵两年之久。虽说都叫味噌，但调味轻重不同，味道也千变万化。

我们也可以亲自动手探索自己喜欢的味噌。听了光浦先生的话，我不禁涌起亲手制作味噌的冲动。

1　麴：将麦子或白米蒸熟后，使之发酵后再晒干形成，可用来酿酒。

2　中国：日本地名，位于日本本州岛西部。

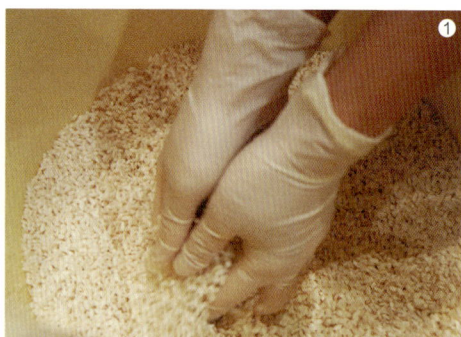

味噌的制作方法

材料（4千克成品所需量）：
蒸、煮后的大豆……2.3千克（蒸、煮1千克干燥大豆后得来）
米麹（生）……1.2千克（约1千克的米制作而成）
种水[1]……200毫升（11%的食盐水）

[第一日] 准备大豆
仔细清洗大豆，用3倍以上的水浸泡一整晚。（最少17小时，使大豆充分吸水膨胀至2~4倍。）

[第二日] 准备大豆和味噌
或煮，或蒸，或蒸煮，使大豆变软。
[煮] 味噌泛白，但营养和鲜味流失多，需花费1~5小时。
[蒸] 营养和鲜味流失少，但味噌色浓。使用压力锅短短20分钟便可完成。
[蒸煮] 可通过调节蒸和煮的时间比例，控制完成时的颜色和浓度。

---

* 生麹可以在光浦酿造工业的网店购买（P.129）。（在许多酿造所均有出售，请就近咨询。）

* 若买不到生麹，也可以使用市场上出售的干燥麹。

* 请事先准备盛装4千克味噌的保存容器和搅拌味噌的大容器。

1　种水：为调节味噌的水分，在混合麹、大豆、盐时添加的水。

上 / 味噌罐内部湿度变化小。右 / 用山口县产的大豆和麦麹制作的"光浦的麦味噌"（A）、中川政商店的"芳麦味噌"（B）、与意大利面及西式焖菜搭配的"鹰嘴豆味噌"（C）。

A
B
C

制作方法：

① 揉捻米麹直至变为分散颗粒状，在揉开的米麹中加盐搅拌至均匀。

② 趁变软的大豆还未冷却，将其移入厚保鲜袋，用手揉碎（可使用捣碎器）。

注意 | 不要使用食品加工机，否则会使其呈膏状，导致氧气不足。

③ 在①中加入②，搅拌至均匀。搅拌不动时，慢慢加入种水继续搅拌。

④ 用手搓成味噌球，用力摔在保存容器中使之紧实。

⑤ 将黏在保存容器边缘的味噌用酒精或高浓度烧酒拂净，表面撒上盐（食谱以外的量），用保鲜膜封口，盖上小锅盖，压上重物。

注意 | 随味噌变软逐渐减轻重物。推荐使用饮料瓶，可通过调节水的多少控制重量。

常温放置在暗处发酵 150~300 天。发酵时间短，则颜色明亮，味道清爽。发酵时间长，则颜色变深，鲜味见长。

注意 | 必须放置一整个夏季，发酵期间也要尽可能避免开盖。

⑥ 发酵至恰到好处，分装到味噌罐、保存容器中，放入冰箱。

注意 | 在家中制作味噌，因为不使用防霉剂，发酵数月后味噌表面易生霉。在将味噌分装至保存容器时，请去除霉菌。

节分日的鬼与福

剪开封带后会变身为鬼面，和装在"枡"里的福豆是套装。

　　"节分"意为"划分季节的时点"，指立春、立夏、立秋、立冬的前日。据说节分起源于平安时代神社寺庙在大晦日[1]举行的"追傩""鬼遣"。"追傩"是将灾厄、疫病喻为鬼，以箭驱赶扮鬼人的仪式。立春为迎接新年之日，而立春的前一日即旧历的大晦日，因而这样的仪式在民间流行开来，演变为现在的节分"撒豆"。

　　"撒豆"用的是炒过的大豆，称为"福豆"。福冈县传统陶器"贱机烧"的"鬼福"点心盒，内侧是可爱的阿多福[2]脸，外侧则为鬼面，浑然一体。将福豆盛放其中，更能体味节分的乐趣。关于这样造型独特的器皿的诞生，有一段逸闻。在三方原之战[3]中，战势不利的德川家康军退入滨松城，被武田信玄军围城，已然放弃抵抗。千钧一发之时，家臣计上心来，突然大叫道："鬼在外，福在内。"混乱中，武田军受

1　大晦日：除夕夜，明治改历后，日本将除夕定为公历12月31日。
2　阿多福：低鼻子、圆脸颊的女性脸庞，或指这样的面具。
3　三方原之战：日本战国后期于日本东海道发生的一场战役。时间为元龟三年十二月二十二日（1573年1月25日），地点位于远江国敷智郡三方原。交战双方为德川氏、织田氏联军与武田氏，最终以武田军的胜利而告终。此战是武田军总帅武田信玄军事生涯的顶点。

惊退兵，由此家康军获得了出乎意料的胜利。据说创始人太田七郎右门卫听闻这件事，将"鬼福"作为祝盃[1]献给家康时，被当面赐予"贱机烧"的称号。现在"贱机烧秋果陶房"的伍代秋果先生继承了这一传统。

话说回来，撒豆驱邪之后，多少岁就吃多少福豆，这是在节分不可忘记的习俗。

1　祝盃：用来庆祝时喝酒的杯子。

弥生

やよい／三月

奈良一刀雕女儿节人偶

　　作为奈良的代表传统工艺之一的"一刀雕"女儿节人偶，是伴随着咻咻的畅快节奏用桧木材雕刻而成的。在桃花节[1]里看到人偶，总会像幼时一般心潮涌动。

　　据传，一刀雕的起源是镰仓时代春日若宫神社"御祭"[2]时的装饰用具。而到了现在，一刀雕用来制作能乐[3]的舞偶、女儿节人偶以及鹿等动物玩具。

　　用手抚摩锋利凿子雕出的偶人，光滑的手感令人陶醉。

　　手艺人土井志清先生一个人完成从雕刻到上色这些人偶制作的全部工序。"我的目标是做出映衬出观者内心的偶人。"他说道。要制作出能分享喜悦、共担悲伤，与观者内心合为一体的人偶，真是难于上青天。"正因如此才更想去挑战。"他眯起眼睛来。

　　摆放不了大型的女儿节人偶时，何不试试能感受到木质温度的一刀雕女儿节偶人呢？脸庞优雅而美丽的雏人形守护在身旁，今年也能够顺利迎来桃花节，我心中不禁涌起了感激之情。

1　桃花节：也称女儿节、偶人节，时间为 3 月 3 日。
2　御祭：春日大社内的若宫神社举办的节庆活动，起源于 12 世纪，最初的目的是为遏制疾病的蔓延，并祈求丰收。
3　能乐：日本传统戏剧之一。合着笛、鼓等的伴奏，边唱谣曲边表演，多戴假面。

色彩各异的
"motta 手帕"。

万能手帕

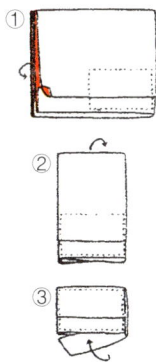

餐巾纸包的叠法
①将手帕上下对折，边沿重叠约 1 厘米。餐巾纸包放在右半边，把左侧向后翻折。
②将上部向后翻折。
③将多余的部分塞进里面。

春天，人们总是希望给生活增添几分色彩。何不试试色彩图案、手感质地都丰富多彩的"motta 手帕"[1] 呢? 除了擦手外，还能包便当盒、遮挡提篮的开口，会为餐桌增色不少。配合每天的心情选择洗净的手帕，心情也能焕然一新。"带手帕了吗?" 是在玄关前必定要问的问题。每当听到这句话，就不由得感叹手帕在生活中的重要性。

---

1 motta 手帕:在日本，孩子出门前母亲会问"带手帕了吗"，孩子会回答"带了"。"motta" 即"带了"的日文读音。

左上 / 边长约 44 厘米的方帕变身为带有小兜的餐巾纸包（折叠方法见 P.25）右上 / 推荐用质地厚实的 100% 麻布手帕来包裹便当盒。左下 / 用粗条纹手帕点缀手提篮。右下 / 有清洁感的边框图案手帕搭配餐具。

春天里的便利拎包和小物件

　　春天，蛰伏土中的小虫蠢蠢欲动。很多人会趁此时换个新环境，挑战新事物，开启新的阶段。在正式展开新生活之前，先备齐随身携带的物品吧！

　　其中，一直带在身边的就是包了。排选时，外形设计自不必说，收纳能力、便携性等适合日常使用的功能性也是重要的衡量因素。用崭新的小物件、文具，神清气爽地迎接春天吧！

受工作用包启发而制作的适合日常使用的 Bagworks 牌 "Collegeman" 包。

左上 / 小鹿图案的书皮与均码眼镜盒。 右上 / 皮革笔和燕子牌笔记本。 左下 / 手织麻布的印章盒和名片夹。 右下 / 鹿形回形针、便签、能写名字的图案胶带。

春日信笺

上 / 中村女士的友人手绘了可爱的猫咪图案书信。
下 / 中村女士寄来的千鸟图案的蛇腹便笺书信。

随着电子邮件和社交软件的普及，书信渐渐淡出了人们的视野。正因如此，收到书信时会更加开心。春天，人们邂逅、离别、展开新生活，正是写信的绝好时机。然而一旦决定提笔，却因为太过拘泥于格式，怎么也难以下笔。如何措辞、如何挑选信纸，真是烦恼重重。在东京日本桥有一家历经三百年、专门制作便笺等"小间纸"的老铺，名叫"榛原"。在那里担任学艺员的中村阳子女士说道："书信礼仪固然重要，但首先要试着传达自己的心情。若不善行文，画画也是不错的选择。"

中村女士向我们展示了友人寄给她的可爱书信。在有色边缘的信笺上画了很多猫，写了一句问候的话。从中深深感受到友人对中村女士的温暖关心，令人印象深刻。拜读这封信后，我面对信纸时的紧张感得到了舒缓，跃跃欲试起来。不擅长画画的朋友，不妨选择当季的明信片，或者按照收信人的喜好来选择便笺。

在请教完书信相关问题的第二天，我们就收到了中村女士寄来的漂亮书信。不由感慨，书信真是好东西啊！

左 / "榛原"的经典商品。藏青色画线便签和带有边框的信封,适合商务使用。软头针管笔是"中川政七商店"原创产品。

右 / 让画家、诗人竹久梦二的设计在手工木版印刷的一笔笺和明信片上重新复活。可用于礼物、资料的留言。

左 / 受长卷书画纸启发诞生的"蛇腹便笺"书信套装。写完后可沿分割线撕开。可当作一笔笺或长文信纸。

右 / 纯白的和纸搭配鲜艳的红色，用木板印刷和"刷毛引"[1] 手法勾边制成的便笺。朴素典雅的设计适宜各种用途。

1　刷毛引：用刷子给纸上色的日本画技法。

卯月

うづき／四月

比起花儿，还是团子好

　　樱花绽开时，就会听到"比起花儿，还是团子好"的谚语。通过《江户伊吕波歌留多》[1]，江户时代城市一般民众对花见团子的喜爱可见一斑。

　　说到日式点心，不得不提被全国甜食爱好者亲切称为"阿町"的点心手艺人——町野仁英先生。阿町采用有利身体健康的食材制作点心，每一份点心都能让人感受到朴素而滋味无穷的大地气息。于是我赶往位于岐阜县的点心屋"Oyatsuyao"，挑战制作最适合春天的点心。

　　阿町说："使用绚烂的樱花、野趣洋溢的嫩绿艾草制作而成的点心，有着春天独有的乐趣。"这次我学习的是"豆腐白玉团子"、"艾草和式司康饼"和"樱饼"。每一样都美味可口又制作简单。

　　让我们一边观赏盛放的樱花，一边品尝美味的春日气息吧。

左页 / 漆器豆皿中盛放着加入了艾草粉的豆腐糯米团子。往鸟兽戏画图案的荞麦猪口[2]中注入茶汤。
右 / 向阿町学习樱饼的做法。

1　江户伊吕波歌留多：伊吕波歌留多是纸牌的一种，将写有以"いろは"等平假名和"京"字为首字的48句谚语字牌，与绘有这些谚语内容的画牌配对成双。各地方使用的谚语不同，有江户、京都、大阪、上方、尾张等版本，其中江户版本最为著名，收录有"比起花儿，还是团子好"此句。
2　猪口：日本的一种小型容器，一般用来喝酒。荞麦猪口则是专门盛放蘸荞麦面汤汁的容器。

食谱 [1]

豆腐白玉团子

仅用豆腐的水分制作而成的口感顺滑、
健康的糯米团子
请根据个人喜好添加馅料和糖浆

材料（10 个份）：
水磨糯米粉……50 克
绢豆腐……约 60 克
艾草粉（可可粉等）……适量
颗粒红豆馅、糖浆、水果……按个人喜好准备

制作方法：
①将水磨糯米粉和绢豆腐放入碗中，搅拌至耳垂一般柔软。按照个人喜好加入艾草粉，将面糊分为十等份，用手掌搓圆。
②用锅煮沸足量水，将①全部倒入。糯米团子上浮后，再煮 2 分钟，用漏勺捞起后立刻放入冷水中。
③冷却到一定程度，一边慢慢搅拌，一边去掉表面黏液。完全冷却后，控水放入容器，根据个人喜好添加颗粒红豆馅、糖浆、水果等。

食谱 [2]

艾草和式司康饼

只须搅拌、搓圆、烤熟的简单食谱
无需黄油、牛奶，能品尝到粉粒口感和艾草余韵的和风司康饼

材料（4 个份）：
A 低筋面粉……70 克
　全麦粉……30 克
　发酵粉……3 克
　艾草粉……5 克
　（事先将材料混合在一起，均匀过筛）
B 植物油……20 克
　砂糖……20 克
　水……40~50 毫升

制作方法：
①将 B 放入碗中，用硅胶铲搅拌至砂糖全部融化。加入 A，用硅胶铲粗略搅拌成团。
②用手分成四等份，逐个轻轻搓圆，排列在桌面上。
③用事先加热至 180℃的烤箱烤大约 20 分钟（最好烤至表面微焦）。

食谱 [3]

樱饼

材料（6 个份）：

干磨糯米粉……70 克
低筋面粉……30 克
砂糖……30 克
水……120~130 毫升
颗粒红豆馅……适量
樱花叶（腌渍）……6 片

制作方法：

①在碗中放入砂糖和水，用硅胶铲搅拌至砂糖全部融化。加入干磨糯米粉和低筋面粉轻轻搅拌后，换成打泡器搅拌至团块消失（理想状态是拿起打泡器后，表面痕迹瞬间消失）。

②用文火温好平底锅，倒入少量油（上述材料以外），舀出半勺的①倒入平底锅正中。

③表面变干后翻面，稍稍烤 20 秒，放到吸油纸上。剩下的①做同样处理。

④在烤完的薄饼一端放上颗粒红豆馅或者豆沙卷起来，包裹上水洗过的樱花叶（剪去叶子主脉过粗的部分，正面向外）。

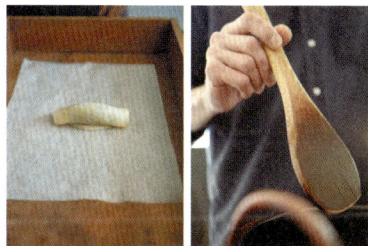

以黏糯的面饼裹馅儿、卷上樱叶的长命寺樱饼[1] 樱花散落的春天里所独有的点心

细心挑选食材，有利健康的小点心。
从左至右依次是"大地的花林糖""三点饼干""燕子油酥蛋糕"。

---

1 樱饼有关东的"长命寺"和关西的"道明寺"两种，材料和制法不同。

卯月八日野外品茶

奈良的袜子店制作的触感舒适的护袖，能有效阻挡紫外线。手上拎的是大分县的传统工艺品——别府竹工艺的提篮。

旧历四月八日被称为"卯月八日"，是祈愿五谷丰穰的重要节日。以前，人们会在这天进山设宴，以美酒佳肴款待山神。据说这项仪式也是"花见"[1] 的起源。

此外，战国时代的大名们也会在春天来临时去野游、狩猎，享受茶会。茶道书《南方录》中记载了千利休为丰臣秀吉在松林中泡茶的逸闻。

不拘泥于礼法规矩，欣赏"一期一会"[2] 的自然陈设，是野外茶会的最大乐趣。备齐茶碗、茶刷、茶勺足矣。将九古烧的茶碗、茶具放入可爱的束口袋，组成"扮家家茶"[3] 简略茶具套装，与野外茶会最为相宜。

在竹篮中装入抹茶，以及美味的点心……让我们效仿先人的风雅行乐，去樱花树下野餐吧！

---

1 花见：赏花。日本民间边赏花（特指樱花）边饮食作乐的活动。
2 一期一会：日本茶道的精神之一，指参加茶会时，应想到见面的机会在一生中只有一次，主客皆应尽诚意。
3 扮家家茶：日文为"お茶ごっこ"，中文名从"扮家家酒"转变而来。

皋月

さつき／五月

日本的生活与园艺

满目新绿的五月，温暖的春雨滋润万物。草木抽芽，心情也焕然一新。

园艺是将草木植于庭院花盆以作装饰，常在平安时代的画卷、歌曲中登场，是贵族们的消遣之乐。日本园艺诞生于日本人的纤细感性和审美意识。到了江户时代，园艺有了一个飞跃性的发展。包括日本最古老的《花坛纲目》在内，大量的园艺书得以发行，从门下有专门种植盆栽的手艺人的大名，到住大杂院的平民百姓，各个阶级都沉迷于园艺的魅力中。引起这股风潮的领头人是一家被称为"花园树斋"的植树商。他们在空阔的空地上，种植当季的花儿，陈设匠心独具的盆栽，顺应四季的变迁装点庭园。到访的客人观赏庭园，见到喜爱的草木，便买下归去。植物根植于江户的生活，令人倾心，这从浮世绘中也能窥见一二。

花园树斋

经历了三百年时光在今天重新复活的园艺品牌"花园树斋"，再次提出了"要生产让人们想'带回家'的植物"这一理念。奔走于世界各地、目光敏锐的植物标本采集者（plant hunter）西畠清顺先生所挑选的植物，与培育、装饰植物的各式用具在这里相遇，不断传播着日本的园艺文化。

面对园艺初学者，我们会推荐空气凤梨、仙人掌、多肉植物等这些很好养的植物。下面介绍放置场所和培育方法，让它们为生活增添几分色彩吧！

○无土也能生长的神奇植物——空气凤梨

注意 | 放置在不受太阳光直射的光亮处，盛在盘中，便可自在观赏。不喜空调的冷暖风，因此为了防止干燥，不要忘记浇水。严重干燥时，浸入放满水的桶中数小时后，倒置控水。

○用以营造充满生机的空间——多肉植物、仙人掌

注意 | 放在有光照的窗边、室外做装饰。放置于室外时，切忌雨淋，避免盛夏阳光直射。天气温暖时，如果土壤干燥，直接向土壤浇水，注意控水。天气寒冷时，切忌浇水过多。

左页左 / 新潟县燕市制作的铜花洒，保持储水洁净。**左页右** / 在盆身上以圆形、方形印花区分，以配合三种图案的波佐见烧花盆。**上** / 装饰空气凤梨的吊盘出自大阪金属工艺人之手。

沏一壶好茶的方法

立春后的第八十八天被称作"八十八夜"，正值春夏流转之际，也是摘取柔软青翠的新茶的季节。

在因大和茶而闻名的奈良县月濑山，有一处"月濑健康茶园"。在这里，茶人使草木腐烂当作养分，在山间冷凉地区精心培育着茶树，不使用任何农药、化学肥料，完全有机栽培，并且实现了自然的制茶工序。岩田文明先生是月濑健康茶园的负责人，同时也是一名日本茶讲师。"仅用水和茶叶泡制的茶汤，能品出各个产地独有的甘甜。泡茶方法不同，风味也有所变化。"岩田先生一边说着，一边为我们泡上了今年的新茶。

那片土地的自然韵律被编织进茶叶中，又融入人们的身体。

熏风微拂的五月，遥思绿色的茶树，品一杯馥郁清香的新茶吧。

低温慢速

用低温开水缓慢地将玉露、煎茶等茶叶的香味和涩味以绝妙的平衡释放出来。

两杯茶的分量

茶叶……6~9 克

开水……170~250 毫升

①在急须[1]中注入开水，移入茶杯，待用。

注意 | 在温壶的同时，开水的温度下降至 70℃~80℃。

②将茶叶放入急须，将移入茶杯的开水倒回急须。盖上盖焖一两分钟（时间根据个人喜好）。

注意 | 选择急须时，要选择内部空间能让茶叶完全伸展开的大小。

③为保证茶汤浓度相同，分几次注入茶碗。

注意 | 倒出最为香浓的最后一滴吧。

④从第二泡至第三泡，注入急须的开水温度要逐渐上升。

高温快速

用滚烫的开水快速沏出的茶，清香浓郁。月濑茶中有些能泡出甘甜。

两杯茶的分量

茶叶……6~9 克

开水……刚没过茶叶的量（反复泡很多次）

①将茶叶放入急须，注入滚水，水量以刚没过茶叶为宜。

注意 | 缩短茶叶与热水间的距离。

②立刻将茶汤全部注入另外的急须或茶壶直至最后一滴，均等地注入各个茶碗。为了迅速将茶叶泡开，反复泡几泡。

注意 | 稍等两三秒后倒出，小心热水烫伤。

第二泡也美味

如果让茶叶一直泡在开水里，会带出多余的苦味和涩味，因此要倒出最后一滴，把壶盖敞开待用。急须盖子上的小孔可做过滤用，方便第二泡。

一番摘有机

月濑煎茶·月濑焙茶

岩田先生从翻土到收获全程精心培育的一番摘茶[2]。

1 　急须：容量 500 毫升以下的小壶，用于泡茶。

2 　一番摘茶：指一年中最初长出的新芽，也称新茶。之后按顺序还有"二番茶""三番茶"。

"洗澡玩具"套装是十一种海洋生物形状的没有上漆的桧木块。用扮演渔民的游戏方法，让讨厌洗澡的孩子爱上洗澡。

祈求孩子健康成长的端午节

　　五月五日"端午节"，正值日本黄金周后半程。据说，用菖蒲草驱除厄运、祈求健康的习俗是从中国传至日本的，到了平安时代，宫中开始将菖蒲草或艾叶挂在屋檐下。菖蒲草和艾叶能释放独特的香气，也有促进血液循环、保温保湿的功效，作为消灾祛病的象征得到人们的喜爱。顺便一提，节日里使用的菖蒲是根茎底部长出淡黄穗一般小花的朴素植物，而非蓝紫色的美丽花菖蒲。

　　江户时代，社会结构逐渐过渡为武士社会，端午节成为祈求男孩子茁壮成长的日子。这是因为"菖蒲"和"胜负""尚武"同音，所以才用盔甲和头盔作为装饰。

　　随着时间推移，人们开始将端午节当作"儿童节"则是进入昭和时代之后的事了，不分性别地在端午节里祈愿所有孩童幸福。

　　期盼孩童健康成长的愿望，不论在什么时代都是不变的。当然，日本工艺中也很好地继承了这一传统。浮在澡盆里的可爱木工玩具出自"山之鲸舍"。在高知县山与海的正中间，被大自然所环抱的安艺市工作室里，开朗活泼的妈妈们用心制作着每一个玩具。和孩子一起，在放了菖蒲草的澡盆中尽情玩水，感受孩子成长的喜悦吧。

水无月

みなづき／六月

　　梅子成熟之时称"入梅"，从这天开始的三十天左右被视为"梅雨季"。

　　雨水沾湿的紫阳花虽美，但没有什么比冒雨外出还让人提不起劲儿的事了。不过，如果有把称心的雨伞，自然会满心期待下雨天的到来吧。备齐透气雨披、防水包、雨鞋，便可不畏风雨。

　　下面就介绍几样应对潮湿天气，让心情瞬间放晴的梅雨季用具吧。

梅雨季的防潮妙招

左上 / 带防水功能的旅行帽和雨天专用的晴天娃娃毛巾。
右上 / 能使浴巾完全展开的衣架。
左下 / 混合硅藻土和樟脑丸的鞋子除臭剂
右下 / 两用防雨包可折叠压缩。

换季与洗衣

　　六月一日是换夏装的日子。除了要整理、收纳衣服，还要检查、清洗衣服污垢。说起洗衣，就想到神奈川县湘南"Ganko 本铺"的木村正宏先生，他提出了对自然友好无害的洗涤剂概念。木村先生说："我非常喜欢鱼，希望山、海、人、地球能始终展开笑颜。"他正在开发清洗效果非凡，使用量和时长减少，能够回归自然的洗涤剂。

　　以下是木村先生教给我们的日常及换季收纳前的洗衣窍门。

木村先生参与开发的"THE·洗衣剂"。不论衣物是棉质还是羊毛、鸭绒，只需一小勺，通通都能洗净。

○洗涤剂的选择方法

注意 | 碱性洗涤剂会破坏蛋白质，建议在洗涤羊毛、丝绸、羽绒材质衣物时使用中性洗涤剂。

○污垢、泛黄解决妙招

注意 | 有食物污垢的领口、泛黄的袖口，可在洗衣前用去污剂等局部漂白。

○应对衣物褪色问题

注意 | 衣物的褪色原因是相互间的摩擦，因此放入洗衣机时应将衣服翻过来洗。另外，紫外线也会造成褪色和质感变差，因此在背阴处晾干吧。

○应对褶皱、变形

注意 | 衣服要放到洗衣袋里。对于比较脆弱的衣服，用手轻柔搓洗。

○洗衣的水温

注意 | 水温最高 30℃。水温太高会导致缩水。棉质可耐高温，但是有血渍时需用低温水洗。

○收纳前对衣服的处理

注意 | 3 千克衣服用 5 克柠檬酸漂洗一次，可以防止细菌繁殖，提高柔软度。

左 / 加入漂白剂的局部洗衣剂。对准斑点、泛黄部分喷雾后就可以和其他衣物一起洗涤。

右 / 从邮轮事故处理研究中得到启示，回归自然的洗衣剂。

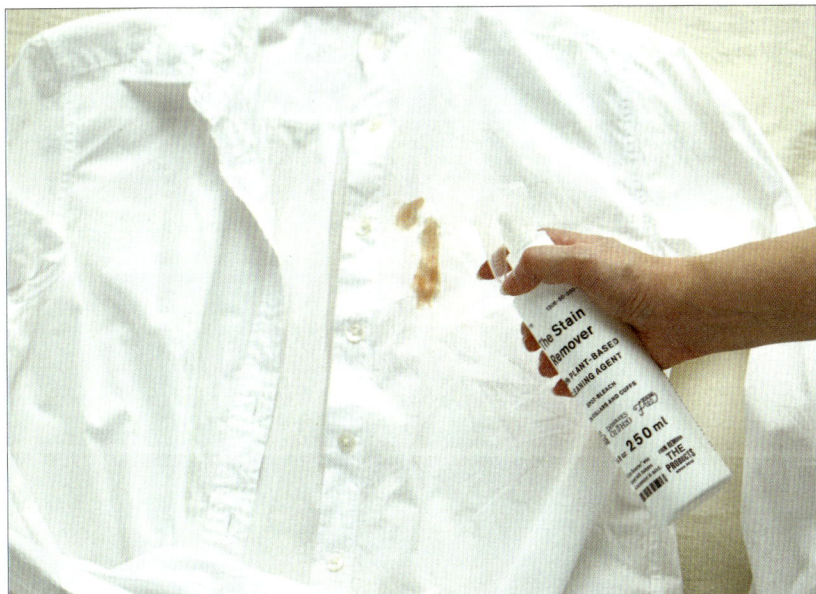

局部漂白剂，洗衣前喷一下。因为中性温和，对棉、麻、丝绸、羊毛等材质都没有伤害。

文月

据说"文月"的起源，是古时人们在七夕[1]短册[2]上写"文"字祈愿的习俗。七夕，气温会逐渐上升，又因为能联想到织女，所以不妨试试清爽的白色和原色手织粗麻服饰吧。

手织麻布是将原料苎麻纺线后再编织而成的。手工制作的柔顺度、织法、漂白程度不同，最终效果也不同。此外，用得愈久，布的手感愈好，使我们的日常生活更为丰富多彩。

1　七夕：日本七夕节源于中国，经过多年的演变，如今已经成为日本夏季的传统节日之一。明治改历以后，除很少地区沿用旧历外，大部分地区把七夕节定为公历的7月7日。

2　短册：纸签。日本七夕节时，人们在带线纸签上写下愿望，然后系在细竹上祈愿。

清爽的白色和原色手织麻

左页 / "前原光荣商店" 的手工匠人制作的太阳伞。

左上 / 混合了麻线，质感柔软的 T 恤。右上 / 在 1925 年法国世博会展览过的手织麻手帕和复制品。 左下 / 用通透程度各异的麻布随意拼接出凉爽的挂毯。 右下 / 设计简单的挎包，手织麻的拼布工艺更添趣味。

日本传统色手织麻

左上 / 与西装和服皆相宜的白鼠色纵向大提包和蛙嘴式小钱包，小盒子是带镜牙签盒。
右上 / 鲜艳的绯色提包，带有拉绳小口袋。
左下 / 触感柔软的黄唐茶色拖鞋。
右下 / 营造高贵印象的深紫色收纳小包、礼金袋、卡包。

日本四季分明，人们将大自然编织出的缤纷色彩融入生活和文化中去。据说日本有一千多种传统色，名字也别具风情、意味深长。

带黄的鲜红为"绯色"，高雅的灰色为"鼠白"，有深度的紫色为"深紫"，带蓝的浅茶色为"黄唐色"。就这样，从动植物、染料、文化中获得灵感来为颜色命名。传统色的手织麻与绀碧色的夏空和茜色夕阳融为一体，风雅无限。

此外，包的提手和小物品上的扣袢用的是"真田纽"，收纳茶具的桐箱上的细绳或绦带使用的也是"真田纽"。据说以前也用作刀绦，由战国时代的真田昌幸普及开来。由横纵两条线编成，结实有力，不会被拉长，是一种实用性极强的传统工艺品。"游·中川"将这些传统色和创意完美适用于各种单品中，传达了美好的日本文化之韵。

"游·中川"总店和"中川政七商店"的表参道店里，用来零售的原创布料琳琅满目。从墙壁上颜色鲜艳、图案时尚的布匹中选择自己钟爱的一款，来制作属于自己的单品吧。用这些布做些什么呢? 又如何使用呢? 就这样一个人沉浸在遐想中，这段时间令人心潮澎湃。

装点生活的彩色手巾

　　等到梅雨季结束，夏天终于真正来临。在吹着热风的夏日，轻薄速干的手巾将大显身手。

　　手巾原本在平安时代用于神事祭礼。到了江户时代，日本棉花栽培繁荣，才逐渐渗透到人们的生活中来。擦手、入浴、防尘，用途广泛。近年来，手巾的设计也逐渐丰富，愈来愈多人把它用作室内装饰和时尚单品。而使如此复杂的色彩图案得以实现的，正是明治时代在大阪成型的"注染"工艺。它是用糨糊做"堤"[1]，在正反两面注入染料，一次将几十匹布染上同样花色的技法，为手巾制造业带来了巨大变革。

　　"手工匠人手工制成的晕染和渗透是注染所特有的效果。触感好，在使用过程中会变得越来越柔顺，这也是它的魅力。"大阪府堺市的注染工场"Nakani 工场"的"Nijiyura"品牌经理人久间文美女士说道，"只要开动脑筋，就会发现很多乐趣。"所以我们赶紧向她请教了手巾的各种妙用。

左 /"ROND"系列，因为晕染手法而备受喜爱。
右 /"在珠宝闪烁的夜空中·夏"系列，夏日主题的图案飘舞在夜空中。

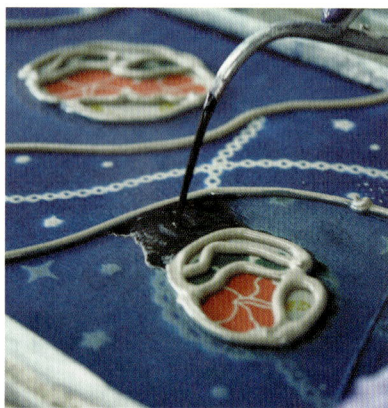

1　堤：日文原文为"土手"，意为"堤坝"。

分别迎来创立三百周年和五十周年的"中川政七商店"与"Nakani"联合制作的纪念版限量手巾。设计图案为麻叶中藏着小鹿

纸巾套

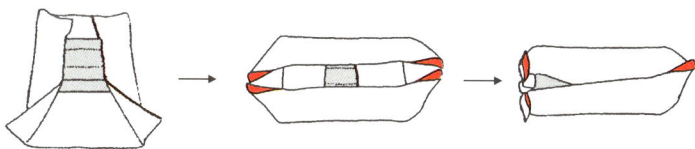

①将手巾对折，放上纸巾，左右对折。

②包起纸巾，在此将上下对折。

③将两端打结。

打结提包

①对手帕的两端锁边，在左侧三分之一处翻折，将下沿缝合。

②在右侧三分之一处翻折，将上沿缝合。注意不要和①中左侧上边缝合在一起。

③抓住没有缝合的角内外翻转过来，将上方两个角打结。

麻织物「奈良晒」和中川政七商店

自古以来，人类的生活就离不开麻。绳文时代的遗迹、《万叶集》的文字，处处印刻着它的存在。

"奈良晒"是麻织物的一种。在镰仓时代的奈良，奈良晒用于制作僧侣的袈裟。所有工序都是手工制作，为了纺一匹布（宽约 36 厘米，长约 24 米）所需的线，熟练的手工匠人都需要花费十天，仅仅是织布前的工序就要花费巨大精力和时间。再用纺出的线织布，用阳光、河水漂白而成的麻织物，柔软舒适，是被人们视作珍宝的高级品。到了江户时代，奈良晒被德川幕府指定为御用品，以此为契机，奈良晒得到了急速发展。正是这个时候，初代中屋喜兵卫创立了中川政七商店，主营奈良晒的批发。那是距今三百年前的 1716 年，中川政七商店向武士阶层、寺庙神社提供和服布料，家业安泰。然而，明治维新导致武士阶层消失，订单激减。奈良晒批发产业萧条，但是第九代政七依然坚守品质，从浴后的擦汗毛巾、新生儿衣服中找到出路。第十代政七在奈良县月濑建设纺织厂，为复兴奈良晒竭尽全力。然而进入战后经济高速发展期后，因为奈良晒需要大量熟练手工匠人花费大量时间，制作变得愈来愈困难。到了第十一代严吉，比起当时日本国内的机械化生产，他优先考虑保护手工纺织的制作方法，做出决断将生产基地转移到了麻织物盛行、技术领先的海外。

在重重窘境中，中川政七商店决心将往昔不变的手工纺织的麻织物的纤细、温柔，还有温度继续传承下去……他们的目标是复兴日本国内的奈良晒。

左 / 产品"御茶巾"可以说是"中川政七商店"的起点。
右 / 位于"游·中川"总店的展示厅，再现了手工纺织机等工厂场景（一般不对外公开）。

叶月

はづき／八月

带来凉意的夏日风情诗

日历已经标明"立秋"，但残暑仍盛，秋气还远。

在没有空调的时代，人们用目之所见、耳之所闻、肤之所感，以及生活中的智慧发明出各种纳凉用品。比如，泼水和冲凉就是从江户时代开始的风俗。风铃在微风的撩拨下奏出叮铃叮铃的清响，邀请人们悠闲地在榻榻米上睡个午觉。宽松的短袖连衣裙、五分衬裤单穿很舒服，看着就凉快。然后，在蒸腾了一整天的暑气渐渐柔和的黄昏，拿着啤酒乘晚凉也是夏日的乐趣之一。

以五感体味凉意，真是别具风情啊。

漂亮的圆漆盘上，斟满啤酒的富士山玻璃杯。风雅的团扇和坐垫。

随意躺卧时使用的圆点扎染花布枕
头。同时用信乐烧的线香钵驱虫。

江户风铃特有的锯齿状口，配合
贝壳挂件，鸣奏出温柔的音色。

夏日旅行的准备

　　抬头见到划过青空的飞机，心中萦绕着未曾去过的土地和思念的故乡。有着悠长假期的夏天，尤其能触发旅情。安排日程、思考旅行中的穿着——乐趣从准备阶段就已开始。在整理行李时，注意按照用途分类放入收纳包，东西便可以不用迷失在行李箱里。为了便捷的出行体验，来看看有哪些方便物品吧。

左 / 可免牙膏的牙刷。不要忘记便携装旅行品。中 / 各种型号的收纳包。右 / 折叠拖鞋。

"TO&FRO" 用质地轻薄的布料制作旅行物品。从收纳包到太阳镜,平整的旅行用品是迈向便捷旅行的第一步。

图中左 / 女性饰品中少见的条纹乌木抛光念珠搭配淡粉流苏，营造柔和氛围，越戴越亮。
图中右 / 藤云石的颜色比紫水晶淡，带有白浊色，搭配芥子色流苏。

串联思绪的念珠

　　盂兰盆节是将祖先的灵魂邀至家中供奉的节日，也是日本一年中最重要的节日活动。正式名称是"盂兰盆会"。据说源自经书中记载的释迦牟尼的弟子为从饿鬼世界救出母亲而进行供奉的故事。

　　旧历的盂兰盆节在七月十五日前后，更多的地区在八月举行。很多人会在盂兰盆节假期归省，和家人一同扫墓。在墓前感谢祖先，手拿念珠合掌是最好的供奉。

　　"一般人对念珠的印象是用以联结自身与佛之世界的佛具，作为护身符带在身上，带着去旅行，使用方法多种多样。特别是片手念珠（简略念珠）[1]，不论什么宗派都能使用，此外，配色和珠种百无禁忌，非常自由。""Hiiragi"的市原Yuki女士说道。因此，市原女士才在东京千驮木开设了店铺，店内陈列着珠宝般的片手念珠，希望客人能心生喜爱拿起把玩，而并非出于一种义务感。手工匠人们手工制作、配色和谐的珠子和流苏，漂亮到令人不忍释手。对于盂兰盆节回不了家的人，遥想先祖和远方的家人，试试通过念珠来进行心灵的对话吧。

左／桐木保管箱，有调节湿气和防虫效果。右／双面念珠袋（坐垫）平时在家使用便于拆洗，蛇纹石珠搭配青瓷色流苏。

1　一般来说，片手念珠不论宗派，但某些地方和宗教会有不同的规则，用于佛事时，请先请教家人或寺庙僧人。

长月

なが つき／九月

菊花节与锡制酒器

奈良"丰泽酒造"出品的"中川政七商店"成立三百周年的纪念纯米吟酿酒。由被认定为现代名酿酒师的杜氏亲手酿制而成（限量销售）。

中国阴阳说认为奇数为"阳"，偶数为"阴"。月日均是奇数时则为吉日，其中，由最大的数字组成的"九月九日"是被称为"重阳节"的特别节日。

节日与各季植物息息相关，重阳节时以菊花驱除邪气，祈愿长寿。在平安时代，宫中会设盛宴，一边赏美菊，一边饮杯中漂着菊花瓣的菊花酒。

节日中不可或缺的就是传统工艺了。从节日偶人到装点宴席的菜肴器皿，有很多用于祝贺的用具。其颜色、形状、纹样与日本自古以来的文化息息相关。

菊花节时，就让我们用在铸造圣地富山县高冈市继承铸造技术的"能作"德利和新潟县燕市继承锤起铜器[1]技术的"玉川堂"清冷美丽的酒器来品尝美酒吧！

人们自古就相信铜和锡有"净水""使酒味温和"的作用。它们在神社佛寺作为酒器被使用至今。铜在金属中历史最为古老，用锤起、着色等技法制作出的美丽铜器令人沉醉。锡因为不生锈不老化而蕴含着吉祥寓意。此外，六角形代表龟甲，作为长寿的象征为人们喜爱。

在"五节"的最后一个节日里，一起来了解日本的传统工艺吧。

1　锤起铜器：用锤敲打铜片使整块铜片卷曲成型，因而被称为"锤起铜器"。

秋夜闻香

正如"花鸟风月"一词所表现的那样，月是美丽自然的象征。秋夜又称为"夜长月"，不妨趁此时相邀望月闻香吧。

室町时代京都东山文化中，香道与茶道、花道一同开花结果。香道是一种用规定技法点燃香木，品味袅袅香烟的技艺。静心直面香味即"闻香"。

京都西本愿寺前有一家拥有四百二十多年历史的"薰玉堂"。我们听"薰玉堂"的负野千早女士说，有一种与中秋赏月习俗有关的"组香"[1]游戏，名为"月见香"，便去体验了一把。

月见香需要准备好两种香木，分别命名为"月"香和"客"香（不是月的香），起初客人们只闻"月"。正式开始后，需要先后闻三次香木，辨别出"月"和"客"出现的顺序，并将对应的名目写在"记纸"上。比如，如果觉得是"月月月"，就是"十五夜"。负责书写的人会记录下客人的答案，揭晓后，在答对的客人名字下面写上"叶"[2]字。古人将升到地平线以上的月亮喻为香，真是风雅啊。

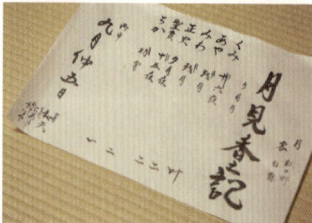

名目

月月月 十五夜：中秋名月

月月ウ 待 宵：满月前一日的月

ウ月月 十六夜：比满月之日稍迟，踌躇的月出。

月ウ月 水上月：浮出水面的月，映入水面的月。

ウ月ウ 木间月：枝叶繁茂的树丛间隐约可见的月。

月ウウ 夕月夜：夜幕还未降临时的月。

ウウ月 残 月：天明时的残月。

ウウウ 雨 夜：因雨不见月。

"客"用部首的"ウ"表示。

---

1 组香：一种传统的辨香游戏。
2 叶：在日文中，"叶う"意为"实现"。

上／薰玉堂内的香席"养老亭"。左手掌端闻香炉，用右手覆盖。恭敬地接过后靠近鼻子。
下／在闻香炉中添加热炭团（加热后的小炭块），覆盖上香炉灰，点上香木后，香味便淡淡
摇曳而出。

香气生活

左上 / 在衣橱、包中放入香袋，会有留香。 右上 / 放入涂香随身携带，随时享受清爽心情。
左下 / 香皿、香立，表现京都嵯峨野广泽池中的映月。 右下 / 用家里带高台的陶器 "空薫"
印香[1]。

---

1 印香：用多种香料捣末和匀做成的一种香。

据说编纂于一千两百年前的《日本书纪》是记载香木的最早文献。香的历史悠远，自从作为"艺道"[1]确立以来，就受到贵族、武士的喜爱。

"虽然正统的香道底蕴深厚，但在家中也可以体验香的乐趣。"负野女士说道。香的形态各异，有最常见的棒状线香，有将调制好的香料压制成各种形状的印香，还有将香塞进小袋子制成的香袋，等等。此外，自古人们认为把粉末状的涂香涂在身上可驱邪，近来涂香则作为芳香类化妆品而备受瞩目。伽罗、沉香、白檀等，探索各自偏爱的香味也是一种乐趣。加上香炉、香皿、香立等，备齐心爱的用具，开始香气袅袅的生活吧。把加热好的炭团加入带高台的陶器，覆盖上香炉灰，在其上空熏，比起直接点香，香味更能缓缓飘荡。

薰香、香水不仅可以用来转换心情、放松身心，还可以镇定心绪。一天开始时的清晨，工作、家务的中午休息间隙，以及缓解一天疲劳的夜晚，都可以焚香。若能选择与各个时间段最为相宜的香，心灵就能踏上全新的冥想世界。遥望中秋名月，在安静的空间里，尽情品味香的美好吧。

左／加热香炉用的小桶装炭团。右／将传统的调香秘方和现代香氛相融合，以京都的名胜、特产为主题的线香。

1　艺道：和制汉字词，包括花道、书道、剑道等，"道"字中蕴含着向技艺本身注入精神性、道德性的意思。

神无月

结缘的神在月

传说每逢旧历十月，全国的八百万众神便会共赴出云国。因此，出云地方称十月为"神在月"，而在没有神的其他地方则称"神无月"。

众神在稻佐之滨着陆，住在出云大社本殿的东西十九社。七日间，举行为人们祈求幸福和姻缘的会议，称为"神议"。歌川国久的浮世绘中，可以看到众神用写了男女名字的木札讨论姻缘的场景，脸上浮现出时隔一年相会的喜悦，画面生动有趣。

其间，出云地方的神社会连日举行祭祀活动。让我们怀着对美好姻缘的憧憬，向出云进发吧。

歌川国久所绘的《出云国大社之图》描绘了为龙蛇神所引导的八百万众神举行"神议"的场面。藏于岛根县立古代历史博物馆，西邻"出云大社"。

连接工艺和特产的品牌"Esuko"
很早以前，出云国会使用玛瑙制作勾玉，《古事记》中就有记载其神秘形状和美丽成色的文字。传承了出云型勾玉的"Esuko"在出云方言里是"顺利"的意思。出云大社的势溜大鸟居前有很多求姻缘的土产。**左** / 装入勾玉的御守袋可随身携带，材质从右起分别是紫水晶、青玛瑙、红玛瑙、蔷薇石。**右** / 根源于"因幡之白兔"[1]的兔子神签。

---

* 在出云，旧历十月（十一月下旬左右）举行祭祀活动。每年日期不同，请事先在神社、观光协会主页确认。

1 因幡之白兔：日本神话《古事记》中的兔子，为大国主神与八上姬"结缘"发挥了重大作用。

晚秋的防寒妙招

　　秋深时节，突然袭来的寒气叫作"Susamaji"。脚踝和腰等身体的连接部位容易发冷。佩戴围腰、穿两双袜子可以在天冷时保证身体健康，容易感冒、疲惫的人可以试一试。还可以通过每天按摩来改善怕冷体质。另外，皮肤干燥也会导致血液循环不好，切记注意保养。要想精神饱满地度过寒冷的季节，我们都须多加保重。

从麻里提取的大麻籽油，渗透性和保湿性能卓越，自古以来就用于皮肤和头发养护。

左 / 按摩工具。木质的温度令人舒适，能消除肌肉疲劳和僵硬。

下 / 用围脖保暖。丝绸的围腰、防寒袜、保暖材质的袜子是防寒必备。

应对寒冷的围巾围法

秋季虽然白天气温宜人，却不能小瞧早晚凉。穿衣时用于点睛之笔的围巾是可随身携带的方便单品。有大披肩、多用途的素色围巾等，种类各异，除了大小和花纹，触感、质感也值得注意。

在这里介绍几种不论男女、不分场合，都能百搭而随意的围巾围法。围法不同，风格也各异，真是妙趣横生。

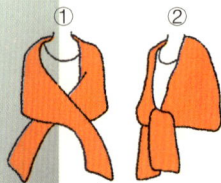

带图案的大披肩，在肩部留出一些空余，能遮住上臂。在胸前戴上装饰品会显得更为典雅。

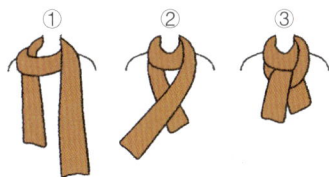

脖根与下面一圈围巾间空出一些间隙
显得更有品位。适合开襟大衣、夹克。

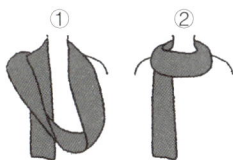

"游·中川"的蚊帐质地围
巾，男女通用，简单绕脖子
围一圈，冷就再围一圈。

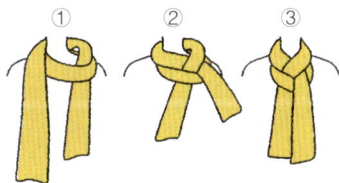

质感温暖的"Kobooriza"牌围巾。增
加灵动感的诀窍是一边扭转一边围。
左右错开还可以营造自然感。

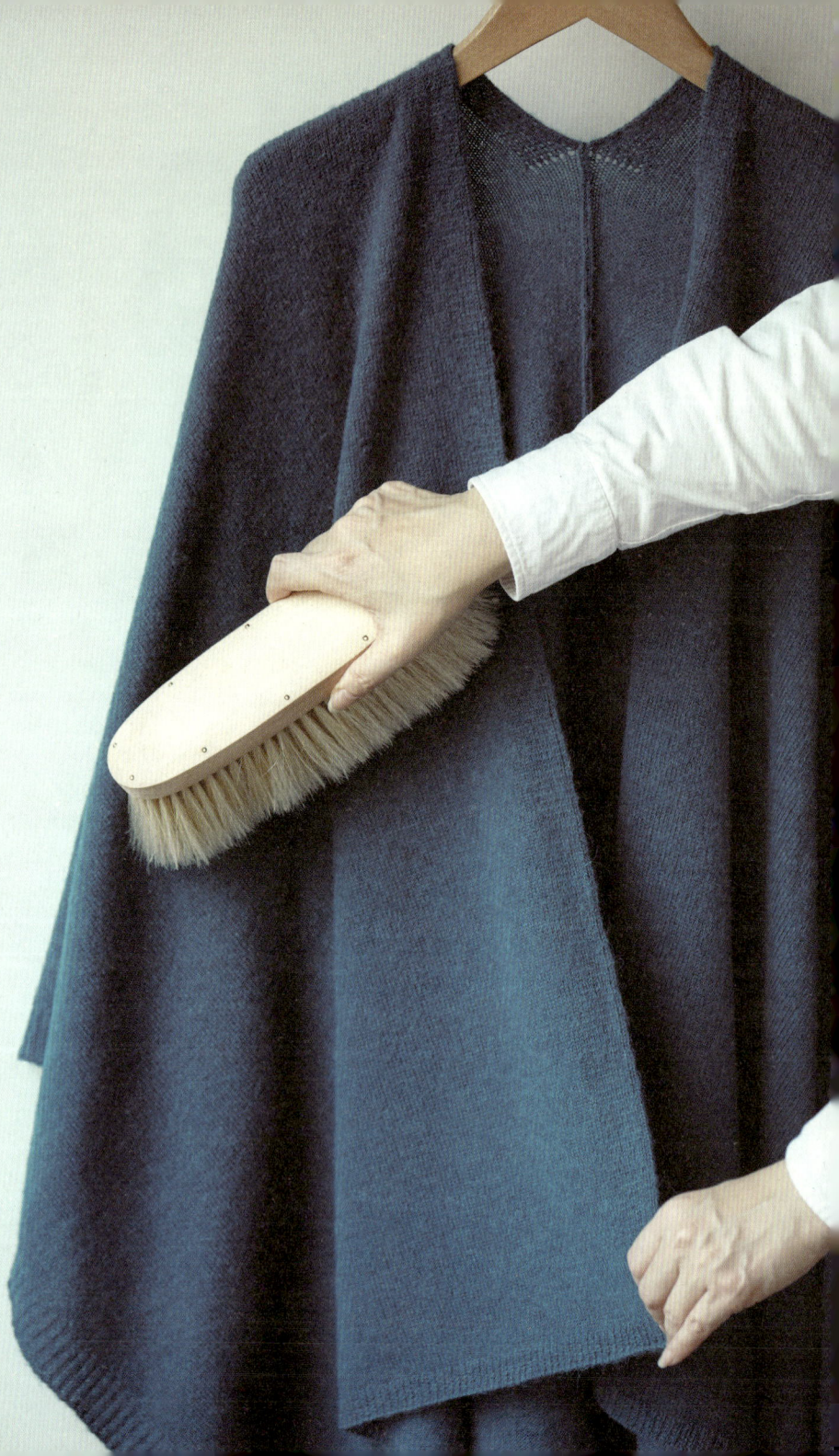

针织衫的日常护理

产自雪国北海道的温暖披
风。包裹全身的大披肩款式
也可以卷起来，方便携带。

当树叶开始染上红黄色，人们就会想起温暖的针织衫。

"从一根线开始编织针织衫，所用素材、编织方法、花色构成不同，最终的成品效果也能无限扩展。灵光一现会诞生全新的针织面料，我很享受这个过程。"针织品生产地新潟县五泉市女士编织物商"Saifuku"的齐藤加奈子说道。她从"雪国之蓑"中获得灵感，创立了可爱的披肩品牌"Mino"（蓑）。

提起与冬天相配的材质，就是羊毛、开司米、羊驼毛、马海毛了。"动物纤维纺成的线的形状不是固定的，利用这种特性来制作针织衫十分有趣。"齐藤女士说。然而令人苦恼的是毛衣起球，穿着引起的纤维起球是主要原因，还有毛衣和包之间的摩擦。想要穿得持久，还须注意保养。

○用软刷整理纤维
注意 | 穿完后顺着编织面料轻轻刷过，理顺纤维，去除污渍和灰尘的同时，还可以防止变形。
○用剪刀清理毛球
注意 | 用手随意拉扯会伤害面料，被拉长的纤维又会生成新的毛球。
○**穿一天休息一天**
注意 | 放在阴凉处晾干，去除多余的湿气。

霜月

しもつき／十一月

品尝新米的"新尝祭"

稻穗闪着金黄色，收获的季节行将结束。庆祝新米上市的十一月二十三日"新尝祭"，即便在今天依然是重要的宫中祭祀之一。"新"即新谷，"尝"即盛宴，将"新谷"敬献给神，感谢当年的丰收。以前还有"新尝祭"前不食新米的习俗。

在一年中米饭最好吃的季节，费点功夫用土锅来煮新米吧。用土锅煮，热度可以传到米粒内部，引出米本身的甜味和香味。

让我们感谢自然的恩惠和种植大米的人们，享用美味的米饭吧。

配饭小菜推荐

　　刚出锅的松软而有光泽的米饭本就是无上的奢侈，更何况是刚收获的新米呢。

　　光是白饭也很好吃，如果再加上配饭小菜，更是能多盛几碗。深受当地人喜爱的拌饭料、纳豆、腌渍特产、用工艺刀和食材加工制成的海带等等，日本各地的"中川政七商店"员工为我推荐了各式下饭小菜。

A/ 山形县·醋屋吉正·南蛮纳豆：辣味极重，适合东北地区的口味。每次收到从老家寄过来的纳豆，都非常开心。（批发科·高仓泰）

B/ 熊本县·Futaba·米饭之友：熊本县住民的韩国拌饭配料。（日本市品牌经理·吉冈圣贵）

C/ 岐阜县·Ura 田·Meshidorobo 渍：恰到好处的酸味和生姜味，难以形容那回味无穷的美味。（"游·中川"店长·早川华津子、批发科·内山恭子）

D/ 埼玉县·轰屋·拌饭鸡肉薄片：将鸡胸肉熏制、削成薄片，放进汤里也很好吃！（"游·中川"·川岛里纱）

E/ 爱知县·Maruya 八丁味噌·菊芋味噌渍：八丁味噌的甜辣搭配菊芋的脆脆口感，好吃！（中川政七商店设计师·榎本雄）

F/ 大阪府·乡田商店·上 Oboro、黑 Tororo[1]：北海道产的海带和大阪府堺市的工艺菜刀相遇诞生的手工海带。（中川政七商店企划科·河井靖子）

左 / 三重县·万古烧"Kamoshika 道具店"·防泼洒饭锅。吴须[2]造型朴素可爱。长崎县·波佐见烧"马场商店"·kuwaranka 碗。右 / 使用了急须技术的小菜器皿。

1 Oboro 昆布制作方法是将很多昆布重叠在一起用机械纵向切削。Tororo 昆布(とろろ昆布)则是从昆布表面横向切削，多为手工制作。其中黑 tororo 是薄昆布制成，白 tororo 是厚昆布制成。

2 吴须：用于陶瓷器的一种颜料。天然的吴须出自吴须土（钴土），主要成分为氧化钴，因含不纯物铁和锰的氧化物，如果不纯物含量多，釉色会从青紫色转变为暗黑。

充满果实的每一天

秋意阑珊时，行走在丰饶的土地上，会偶遇被果实压弯的木梨树。还未成熟的木梨带有涩味，不能食用，但放在冰糖中腌渍后就能变身为有预防感冒、治疗喉咙痛功效的果子露。

奈良县吉野的"堀内果实园"开垦于明治三十六年 (1903)，一直以来栽培"富有柿"等当季果实，木梨栽培面积日本第一。我们向果园第六代传人的夫人堀内奈穗子请教了果子露的制作方法。"收获之后放置一段时间，果实表面会浮起一层油光，产生甜香味。趁这个时候，用冰糖腌渍，就能将香味封锁在果子露中。"堀内女士打开瓶盖，从中飘出木梨的甜香。

结束一天的工作后，在果子露中加热水来喝，想着"今天干得不错，明天也要继续努力啊"，脸颊也浮起了淡淡绯红。

从梅花初放的二月到木梨丰收的十一月，果园始终处于忙碌之中。但堀内女士还是会忙里偷闲制作果子露，还会用味噌、酱油腌制梅子，

左 / "堀内果实园"还售卖木梨风味的无添加果子露。 右 / 从一百年树龄的柿子树上摘下的稀有的 Anpo 柿[1]。

1　Anpo 柿：日文为"あんぽ柿"。用来制作福岛县伊达市特产柿子干。

制成调味料。堀内女士十分喜爱烹饪，很享受每天都与水果打交道的生活。

"在某个活动会场，我听见一位妈妈问孩子知不知道柿子，有没有吃过柿子。当时非常震惊。打那时候起，我就决心让人们更加了解果实。"身为两个孩子妈妈的堀内女士说道。这番只有母亲才能说出的话，令人印象深刻。

水果的消费量在减少，堀内女士希望人们能更愉快地享用水果、品尝水果的美味，为此下功夫研究无添加剂的水果干、果酱、果子露的加工工艺。我们还惊讶地听说，一般柿子树每六十年就需要重新种植，果园内却还精心培育着树龄超过一百年的柿子树。

食用当季的水果，不仅可以感受季节，对于孩子的饮食教育也是必不可少的。只要放上五彩缤纷的水果，萦绕着甜香味的餐桌便一下靓丽起来。

食谱［1］
木梨果子露

材料（2~3升的保存瓶）：
木梨……500 克
冰糖……500 克

制作方法：
①用热水消毒保存果子露的瓶子。
②交替加入木梨和冰糖。
③盖上瓶盖放置在避光处 3 个月即可。

注意 | 在腌制前先将木梨切片冷冻，使精华更易渗出。木梨和冰糖的比率是 1:1（或者冰糖为 0.8）。木梨以外，还可以用梅子、李子做果子露。

食谱［2］
木梨果子露腌泡菜

材料（易于制作的分量）：
A 木梨果子露……80 毫升
　白醋……100 毫升
　水……180 毫升
　盐……2 小勺
　喜爱的蔬菜……适量
　大蒜、小尖椒……适量

制作方法：
①混合 A 中食材。
②将蔬菜切成条状放入保存容器，以①腌制。
③腌制半天至一天即可。

注意 | 如腌渍自己喜爱的蔬菜。芜菁、红辣椒粉、黄瓜、山药、煮过的西兰花等。放在冷藏室可保存一周左右。

师走

しわす／十二月

清洗积攒了一年的污垢，去除污秽的"年末大扫除"是典型的岁暮光景。听说迎接新年的准备从十二月二十三日开始的习惯源自江户幕府的规定。

从这一天开始忙里偷闲清除家中的污垢吧。巧妙运用清扫工具将家中打扫干净，年神也会降临带来好运。

正月大扫除

左页 / 手提桶包和抹布，便利的长柄扫帚和可固定垃圾袋的垃圾桶，让打扫变得愉快。
左上 / 家务服和绸掸子。 右上 / 粘毛滚筒和漂亮的木纹收纳盒。左下 / 厕所刷，以及可以保持内部洁净的速干桶座。 右下 / 小扫帚和吉野桧材质的簸箕。

工具的保养

餐桌上每天盛放美味料理的器皿，用来准备烹饪的厨房用具——年末时对这些每日使用的物品进行彻底的保养吧。

首先是对器皿进行整体检查。有没有带着缺口裂缝沉睡在碗橱里的器皿呢？好不容易相遇的器皿，不要弃之不管，用"金缮"技法修补后使之焕发新的魅力吧。

"复苏美丽的器皿是涂师的重要工作。"越前漆器老店"漆淋堂"第八代传人内田彻说道。"金缮"是一种有趣的传统修复技术，指用漆连接破损部分，再施以金粉。

此外，还有烹饪时不可或缺的菜刀，用久了会磨损变钝。你的刀能干净利落地切开番茄吗？切洋葱时会不会流眼泪？到了该磨刀的时候了。让我们多加珍惜直面日常用具的时间吧。

著名的金属加工城市——新潟县三条市的菜刀制造商、
"忠房"的曾根忠信先生传授了磨刀的诀窍

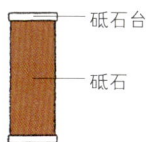

砥石台

砥石

砥石的种类包括荒砥石、中砥石、仕上砥石，中砥石最适合家庭菜刀保养。
* 使用砥石台更为稳定。

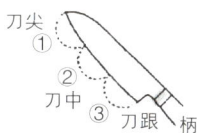

刀尖
①
②
刀中
③ 刀跟
柄

按照刀尖—刀中—刀跟的顺序打磨，直到出现刃线。

约15度
（3枚硬币的厚度）

将砥石平放，刀刃保持15度的倾角。

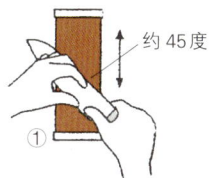

约45度
①

用惯用手持刀柄，另一只手压住刀腹。从近身处推到远身处，再轻轻拉回。

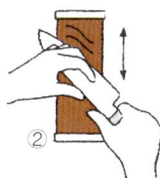

②

如果是单刃刀，将刀背整体贴在砥石上轻轻打磨。如果是双刃，则反过来，与正面同样打磨。

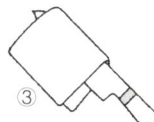

③

打磨完毕后水洗，用干燥毛巾彻底擦净（用热水易干且有杀菌效果）。

袜子猴

圣诞节已经彻底成为日本一年中的重要节日之一了。小时候你有没有想要礼物而把袜子藏在枕头底下睡过觉呢? 在这里想要介绍一种适合充当圣诞袜的布玩偶——金融危机时诞生于美国的"袜子猴"。祖母买不起送给孙子的圣诞礼物，用在煤矿工作的丈夫的旧袜子做了一只"猴子"，自此流传至全世界。日本的手工制作商"袜子猴协会"正在开展支援残障人士就业的计划。每一只手工制作的"袜子猴"都有着可爱的表情。我们向主持协会的武井健次先生请教了"袜子猴"的制作方法，一起用喜欢的旧袜子做一只可爱的"猴子"吧。

武井先生制作的袜子猴系列。最开始的袜子猴是用被称为"red heel socks"的红色脚后跟袜制作而成。

材料：

袜子……1 双　纽扣（眼睛）……2 个
用于手工艺棉絮、棉线、缝纫用线、刺
绣线……适量

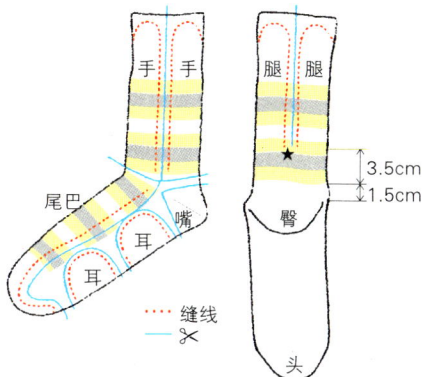

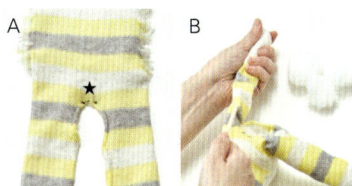

手　手　　腿　腿

尾巴　　　　　臀

嘴

耳

耳

头

3.5cm
1.5cm

········· 缝线
———— ✂

①缝合袜子

将袜子翻面，将图中的红色虚线部分用缝
纫机或手缝合。

②剪开袜子

沿着图中蓝线剪开袜子。

A　　　　B

③塞入棉絮

为防止星星部分绽开，注意仔细锁边。（A）
将所有部分翻回正面，塞入棉絮。可以用筷
子慢慢把棉絮塞入手、腿、尾巴。（B）

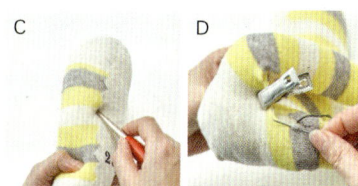

C　　　　D

④缝合腿部

用小锥子整理棉絮。（C）
将夹子夹在腿中间，用暗针
缝合。（D）

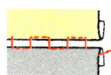

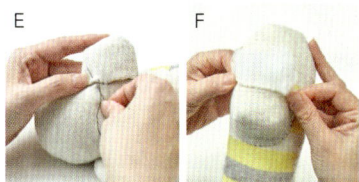

E　　　　F

⑤缝合各个部位

按照比例，从背面中间对耳朵、手、尾巴
进行包缝。（E）
缝嘴时先缝下半部
分，塞入棉絮后再缝
合上半部分。

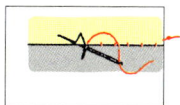

G　　　　H

⑥完成脸部制作

缝上纽扣当作眼睛。用刺绣线做睫毛、鼻
子、嘴。（G）按照一定比例调整表情。

＊　为了让做法更易懂，这里采用了黑线。实
　　际制作过程中，可配合袜子颜色选线色。

93

想要重新置办的生活用具

十二月又叫"春待月"。自古以来，人们都在此时翘首企盼春天的降临。

为了以舒畅的心情迎接崭新的春天，人们有重新置办厨房用具、衣服、内衣的习惯。新年伊始，用新筷子吃饭会一年安康，穿新内衣会带来好运，诸如此类的说法源远流长。每一种都饱含人们对幸福的祈求，就让我们用崭新的心情去迎接新年吧。

左页图中左起顺时针／三角柄可直立牙刷、用触感舒适的蚊帐布料制作的睡衣、"2&9"的宽松袜子、爱媛县今治市产的绒毛纱布毛巾。

上／吉野桧材质的砧板和彩色抹布。 下／波佐见烧的蓝驹碗、拭漆筷子和棉麻餐垫。

专栏3 日本的赠礼文化

　　给重要之人挑选生日礼物，为关照自己的亲友准备中元节、年末、结婚赠礼，还有搬家时的问候礼、见面礼……日常生活中的赠礼场合不胜枚举。在人生的重要时刻、一年中的重要节日互赠礼物的习俗中，都能感受到人们对"缘"的珍视。

　　赠礼的起源诸说纷纭。在日本，人们会将给神的供品撤下来后送给亲戚，据说这就是赠礼的开始。

　　江户时代商业兴盛，于是观光土特产文化在平民阶层流传开来。这个时代的大名家会在每年的特定时期向将军献上领地内的名产，称为"时献上"。收集了全国各地的大名信息的《大成武鉴》中就记载了敬献清单，某某大名在某年某月送了某物，等等。除了当地特有的山珍海味、时令果蔬，还有工艺品等等。例如，有记载奈良的柳泽家，六月敬献了索面，七月吉野葛，九月大和柿。此外，记录中还有"人气排行榜"，听说奈良晒也榜上有名。

　　希望让别人品尝家乡美食，使用给生活带来幸福的用具……选择礼物时犹豫到底什么才能让对方高兴，这种心情古今相同。

赠礼方巾
颜色鲜艳的方巾令人心情豁然开朗。套装里还可以放入卡片，写上适合重要时刻的问候和感谢。

拜访工坊

堀田地毯

堀田先生正在检查地毯设计图。

令人安心、眷恋的地毯

日本人习惯了坐在地板上的生活。以前，不论一家团圆，还是家中来客，坐在地上都是基本的生活状态。想要放松的时候，或席地而坐，或仰卧横躺。日本少有的威尔顿机制地毯专业制造商"堀田地毯"于 2016 年开创了品牌"Court"。我们请提出"有地毯的地板生活"的第三代传人堀田将夫先生，带我们参观了工厂。

世界上第一台地毯专用的织布机发明于英国工业革命时代。因诞生于威尔顿市，所以用这种织布机织出的地毯被称为"威尔顿地毯"。这种机器是将形成编织图案的经线与成为绒头底纱的纬线相互交错编织，因此生产出的地毯结构紧密、耐用耐磨。

按照设计图手工将线插到木纱管上。宽 3.64 米的地毯，每种颜色都需要约 1150 根线

纺织工厂送来将羊毛纺织染色制成的绒线，用绕线机卷绕。

威尔顿地毯的特征是背面也会形成圈绒，所以更加耐用。

"堀田地毯"成立于1962年，使用英国政府认证的英国产羊毛制作威尔顿地毯，为一流酒店和时装店供货。工厂成立时生产的专业织布机，时隔半世纪依然能正常运作。

"要想用好这架织布机是很困难的，它需要八名织工同时作业。而想要学会操控纤细的丝线和织布机则需要花费十年以上。所以我一直牢记着传承技术的使命。"堀田先生说。在木管上插线、进行修正作业、用竹帚检查等工作由女性完成。因此除了机械，也需要人工作业。由机械和人工共同织出的地毯才能无限接近工艺品的标准。

"之所以要成立'Court'，是因为感受到了地毯无法用语言形容的优越之处。希望顾客们先试着铺上小地毯，感受它带来的舒适。"堀田先生对品牌今后的发展充满了期待。

日本现存 20 台织布机，其中 9
台在"堀田地毯"运作。

左上／脱线的部分需要手缝修正。右上／从上层提吊综线的提花装置。左下／花费两年之久经过不断摸索，终于制作成功的"Court"第一系列。右下／装在纱架上用来绕线的木纱管。

客厅 "餐厅" 厨房的一体空间里铺着时尚的地毯。有了柔软的地毯，孩子就算跌倒也不疼。

一整屋的地毯

对于堀田先生而言，地毯是从小就熟悉亲近的事物。除了浴室和卫生间，家里全都铺着地毯。从玄关脱鞋的一瞬间开始，脚底贴合着地毯，带来一种令人上瘾的舒适感。"坐在地上很舒服吧。大家一到我家就坐下来，很放松。"堀田先生说道。将电灯开关、插座设置在较低位置，种种安排都是以地毯生活为前提而设计的。浮游的灰尘是过敏原因之一，而地毯有调节湿度的特性，能将其吸附。另外，就算食物泼撒在地毯上，只要及时清理就不会留下污渍，维护方法十分简单。

"我家孩子在地上玩耍、打滚也没有过敏，每天活蹦乱跳的！"他笑着说。

漆琳堂

内田清治先生说："经过众多手工匠人之手才能来到这一工序，所以在涂漆的时候很开心。"

由众人之手传承的漆器

通常人们对高雅漆器的印象是用于正式场合，其实，以轻松的心情在日常生活中使用漆器也是极好的。创立了"Aisomo Cosomo""御椀屋·内田"等漆器品牌的漆琳堂，位于越前漆器的故乡——福井县鲭江市，是自江户时代传承下来的"涂师屋"[1]。目前由第七代传人内田清治和第八代传人内田彻父子负责涂漆工作。

漆器是由将天然木材雕刻成型的"木胎师"、给雕刻打磨成型的器皿上漆的"涂师"、描绘细致的绘画和图案的"莳绘[2]师"之手共同完成的。此外，还缺不了刮出涂料原料——漆树液的"漆搔师"。多数越前漆器也是经由众多手工匠人之手传承下来的。

漆会吸收空气中的湿气而变硬，对漆器而言，适度的湿气是不可或缺的。因此，阴雨连绵、自秋至冬都寒气不断的越前地区是制作漆器的理想之地，漆器技术在这里得到了巨大发展。

1　涂师屋：制造、贩卖漆器的人或店。
2　莳绘：漆工艺技法之一，产生于奈良时代，以金、银屑加入漆液中，干后做抛光处理，显示出金银色泽。

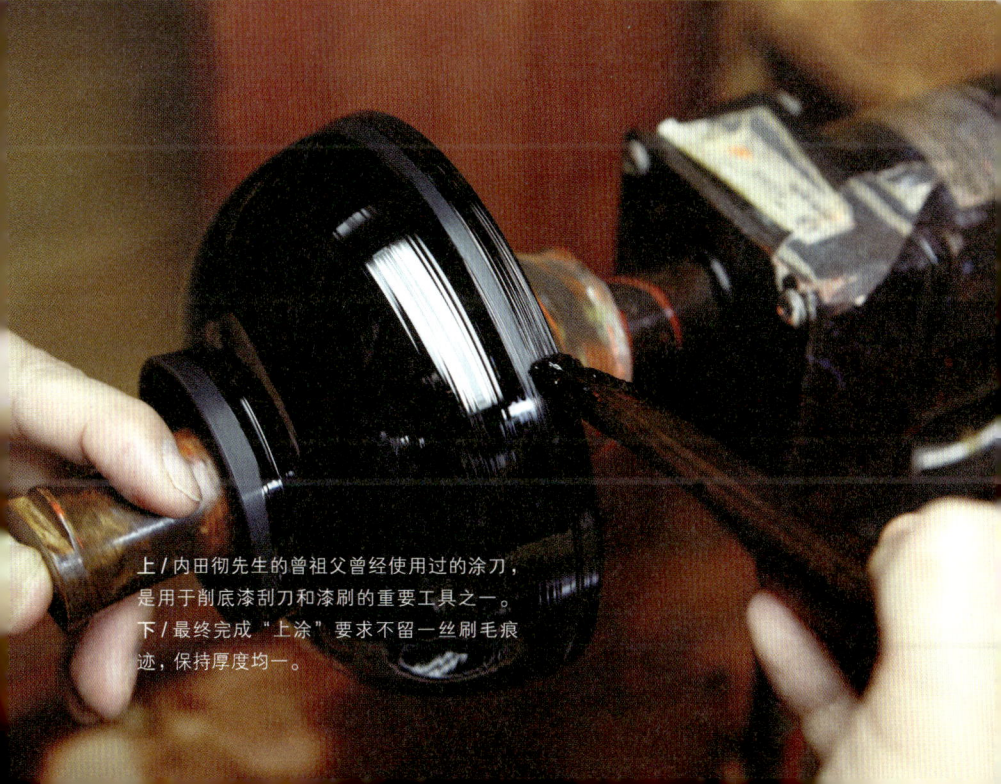

上 / 内田彻先生的曾祖父曾经使用过的涂刀，是用于削底漆刮刀和漆刷的重要工具之一。
下 / 最终完成"上涂"要求不留一丝刷毛痕迹，保持厚度均一。

在原料漆中加入颜料的
工序。用专门的纸滤去
灰尘、细屑等不纯物。

左上 / 正在仔细涂漆的内田彻先生。右上 / 涂漆专用的木柄把手。左下 / 除圆形器皿外，也制作饭盒等方形器皿。 右下 / 被"漆琳堂"的器皿吸引，立志于漆匠修行的岛田希望女士。

用漆器享用美味的时刻

每一道工序都是细微的手工作业。手工匠人们要在曲线优美的碗上，层层叠叠涂抹上薄厚均匀、适中的漆料。为此，刷毛的使用方法、力道，凡此种种，都需要熟练、高超的技术。此外，不容许有一丁点尘埃附着。因而要尽可能把动作放小，在默默无语的状态下集中注意力一直涂，一直涂……

在这样神经持续紧绷的作业中，大家也就只有午休时间能松口气。据说他们会聚集在作坊附近的清治先生家中吃午餐。在我们拜访工坊这天也受到了他们的款待。

准备每天伙食的是清治先生的夫人美智子。餐桌上摆放着用色鲜艳的漆器，盛装着美味饭菜。

美智子说："很多人认为漆器很难打理，但其实装什么饭菜没有关系。我们家还用漆器的圆碗盛浓汤呢。"

左上 / 美智子的手艺让人停不下筷子。右上 / 在准备做饭时也用上了漆器,平添华丽。
左下 / 碗橱上排列着常用的漆器。右下 / 清洗时只需用水哗啦一冲,自然干燥即可。

"每晚结束在工作室一天的工作后，都会全家
总动员来擦地板。辛苦是辛苦，但是经年累
月越来越有光泽，别有味道。"美知子说道。

　　每当抚摩这些手工匠人用细致的手工作业完成的漆器，每当用它们食用料理，都能感受到柔软和温度。

　　我们还从内田家感受到了一件令人讶异的事——玄关和客厅释放着难以形容的沉静光芒，是充满厚重感的空间。原来地板、天花板、柱子等木质表面会擦上透明漆，这叫作"拭漆"。

　　"这一带漆匠的家都是这样哦。"清治先生笑着说道。

　　那一天，我又一次感受到了日本工艺的"美"和生活的"幸"。

三宅操女士负责
细致的手工活。

三宅松三郎商店

花筵与民艺运动

在灯芯草种植业发达的冈山县南部，一直以来都在生产制造各式灯芯草制品。其中，编织纹样的草席称为"花筵"，广受喜爱。"三宅松三郎商店"是民艺运动领头人之一、人间国宝——染色家芹泽銈介参与图案设计的工作室。在拜访其位于仓敷市的工作室时，三宅隆先生、夫人三宅操女士以笑脸和美味的抹茶招待了我。

长久以来，经无名匠人之手诞生了无数的生活用品。美，不正寄身于这些将各地风土人情与日常生活展现得淋漓尽致的用品之中吗？柳宗悦先生正是怀抱着这样一个信念。他将制作日常使用的生活用品的平民工艺称为"民艺"，于大正十五年（1926）发起了提倡新价值观的生活文化运动。这成为延续至今的民艺之根基。

三宅隆先生负责晾晒。伉俪
二人一同制作精美的花筵。

上／芹泽銈介执笔的《花筵图案集》。"赤、绿、黄搭配，体现了芹泽先生独特的配色风格。"三宅隆先生评论道。下／三宅操女士打的抹茶和仓敷的名点心"群雀"。在花筵的调和下尤显可爱。

日本民艺协会发行的《民艺》
昭和十九年（1944 年）十一
月号是花筵特辑。

　　"三宅松三郎商店"的花筵与民艺运动邂逅于第二次世界大战时期。花筵自明治末期起出口欧洲，后因战争导致出口锐减，时任冈山县经济部长的山口泉与柳宗悦计划如何将其复活，芹泽銈介则着手技术保存工作。随后，芹泽先生向三宅隆先生的父亲、创始人松三郎先生提交了花筵的设计，其多姿多彩的颜色组合荡漾着摩登的美感。

　　如今，工作室仅由三宅隆先生和夫人三宅操两人操持，不能进行大批量生产。另外国产的优质灯芯草也在年年减产。但夫妇二人说："既然受到你们的鼓励，只要身体允许，就要一直做下去。"

　　芹泽先生的设计是为了应对当时已经可以绘图的织机，必须经由技术精湛的手艺人加工。美寄身于手工艺用品——这一民艺运动思想也深深根植在三宅夫妇的花筵中。

左上 / 品质上乘的日本产灯芯草。右上 / 用黏着剂将叫作"驹"的小木块固定在图版上，插入织布机，织出图案。左下 / 三宅操夫人用上了蜡的线仔细缝合两个榻榻米。右下 / 墙上挂的装饰画描绘的是三宅先生画的染色场景。

将灯芯草捆为一束，用织机织成宽为一叠（90 厘米）的草席。

在灯芯草散发着清香的客厅，民艺家具和花
筵装饰出怀旧的的氛围。障子和纸出自出云
和纸作家安部信一郎先生之手。

夫妇二人的精致生活

　　餐桌上、装饰架上、榻榻米上，三宅家到处都是灯芯花筵的装饰。"弄脏了用抹布一擦就行，保养不费神。顺应季节改变灯芯花筵的图案花色，一年四季都能享受乐趣。"三宅操女士说道。或者在榻榻米上铺上一叠（90厘米×180厘米）大小的灯芯花筵，使空间张弛有度，酝酿出独特的层次，真是不可思议。灯芯花筵和木质地板也相得益彰，请一定把灯芯花筵带入日常生活中去。

　　对于三宅夫妇而言，使用灯芯花筵是自然而然的事。此外，他们还将其他仓敷当地的工艺品融入每日生活中去。比如，夫人喜爱陶器，平日里爱打抹茶配乡土点心……于夫妇而言，这并无特殊之处，只是习惯了在日常生活里欣赏喜爱的手工制作的用品。他们就这样温暖地生活着。

资料：本书所刊商品及品牌

> * 本书中介绍的商品价格是截至 2016 年 6 月的不含税价格。
> 出版后，价格、图案、概要有更改的可能性，请周知。
> 以下价格单位均为日元。刊登商品若缺货，敬请见谅。

睦月·一月

"正月装饰"P.2、3/ 滚轮鹿（赤、白）各 ¥3,000；水引橙的镜饼装饰 ¥10,000；日本全国乡土玩具收集扭蛋（1 次）¥400（以上为日本市）；书套（小纹小鹿）¥1,800（游・中川）；长方形饭盒（赤、白）各 ¥8,500（漆琳堂）；长崎风筝（参考商品）；花器（私人物品）"系结心灵的美丽水引"P.5/ 祝节（大）¥5,800（博多水引）P.11/水引（详情请咨询水引专门店或文具店）；祝筷（参考商品）；小纸袋（私人物品）"新年时上供用、食用的日本年糕文化"P.12/ 日本全国年糕大比拼 ¥1,300（中川政七商店）；碟子（私人物品）"圆形年糕和方形年糕的杂煮"P.9 真涂碗（赤、黑）各 ¥8,500（椀や・うちだ）；拭漆筷子（赤、黑）各 ¥1,500；吉野杉托盘 ¥7,000；双面围裙（原色）¥7,000（以上中川政七商店）"七草粥与小豆粥"P.11/ 温锅大 ¥1,800、小 ¥1,500（松山陶工场）；吉野桧锅垫 ¥1,700；月山绸通的锅垫（薄墨）¥2,300；汤匙 ¥1,500（以上中川政七商店）；木勺子（私人物品）"专栏 1・鹿形乡土玩具"P.14/ 滚轮鹿（赤、黄、蓝）各 ¥3,000（日本市）；其他的鹿形乡土玩具为个人收藏

如月·二月

"冬酿的味噌"P.17/ 生麹（1kg）¥800 P.19/ 左 / 光浦的麦味噌 ¥600；鹰嘴豆味噌 ¥600（以上光浦酿造工业）；芳麦味噌 ¥700 上 / 味噌罐（白）¥3,500（以上中川政七商店）"节分日的鬼与福"P.20/ 装在方形容器里的福豆（红、蓝）各 ¥800 P.21/ 贱机烧鬼福点心碟（小）各 ¥3,500（贱机烧・秋果陶房）；盘（红）¥9000（aisomo cosomo）

弥生·三月

"奈良一刀雕偶人"P.22/ 奈良一刀雕的雏人形（定制品）¥200,000（奈良一刀雕工房・西京）"万能手帕"P.25/ 手帕各 ¥1,200（以上 motta）P.26/ 右上 / THE LUNCHBOX aluminium ¥1,800（THE）；能当作筷架的筷子盒（色拭漆、白）¥4,800（中川政七商店）右下 / 堆叠马克杯（大、白），盘（白）¥1,800（以上 HASAMI）左下 / 草编提包（私人物品）"春天里的便利拎包和小物件"P.27/ COLLEGEMAN（卡

其 × 深绿、原色 × 黄）各 ¥7,800（BAGWORKS）P.28/ 左上 / 书套（小纹小鹿）¥1,800
（游·中川）；均码眼镜盒（黄、绀）各 ¥2,300（中川政七商店）；眼镜（私人物品）
右上 / 燕子笔记本（A5）¥400、（B5）¥450（中川政七商店）；文具盒（小纹小鹿）¥1,400
（中川政七商店）；鹿家族皮革笔（赤、绿）各 ¥1,200 右下 / 张子鹿便签 ¥450；鹿
形大回形针（3 个装）¥550（以上日本市）；能写名字的图案胶带（2 个装）¥850 左
下 / 手织麻的印章盒（绯色、蓝纳户）各 ¥2,800;手织麻名片夹（舛花、蓝纳户）各 ¥4,800
（以上中川政七商店） "春日便笺" P.30/ 右 / 竹久梦二一笔笺（山道、蕨）各 ¥500
P.30/ 手工木板印刷明信片（梦二之旅）¥460 左 / 便笺（NO.1）¥500; 信封（洋式）
¥150;软头针管笔（鹿纹）¥3,200（中川政七商店）P.31/ 右 / 手工木版印刷彩色勾边
信封信纸套装 ¥1,200 左 / 蛇腹便笺 × 彩色画线信封信纸套装 ¥500（以上来自榛原）

卯月·四月

"比起花儿，还是团子好" P.32/ 豆皿（红 × 米）¥1,900（aisomo cosomo）；荞麦猪
口大事典（鸟兽戏画）¥1,500（马场商店）；钓樟托盘（私人物品）P.34/ 豆皿（溜色
× 橘色）¥2,300、（米 × 粉、红 × 米）各 ¥1,900(aisomo cosomo);托盘（私人物品） P.35
上 / 白瓷杓挂五寸皿 ¥5,000（马场商店）下 / 燕子油酥蛋糕 ¥362；3 点的饼干 ¥362;
大地的花林糖（黑糖味、盐味、天空的古来茶味）各 ¥389（以上来自山本佐太郎）
"卯月八日野外品茶" P.36/ 半指护袖（青桃）¥1,700; 强捻棉平滑褶皱连衣裙（绀色）
¥14,000（以上中川政七商店）P.37/ 扮家家茶（KUTANI SEAL）¥13,000;杯（KUTANI
SEAL）¥350（以上来自游·中川）；手帕 ¥1,200（motta）；半风干混合水果干 ¥1,000;
柿子巧克力樱花 ¥900（以上来自堀内果实园）P.38、39/ 别府竹工艺的提篮 DEN（大）
¥28,000、（小）¥22,000（中川政七商店）

皋月·五月

"日本的生活与园艺" P.38、39/ 装饰架（大）¥10,000、（中）¥8,500; 架子板（大）
¥1,800; 麻叶绣线菊（5 号盆）¥6,900; 钵皿间取（3 号盆）¥1,300; 多肉植物（3 号盆）
¥3,900；观音竹、绫锦（5 号盆）¥6,900; 仙人掌（3 号盆）¥3,900;手捺染手巾 ¥1,500
（全部来自花园树斋）P.40/ 右 / 仙人掌（3 号盆）各 ¥3,900;多肉植物（3 号盆）¥3,900
左 / 铜水壶 ¥18,000; 劳动手套（竹色）¥1,500 "花园树斋" P.41/ 空气凤梨霸王 ¥5,300；
吊盘 ¥7,800; 空气凤梨贝可利 ¥1,000; 壁挂 ¥1,500（全部来自花园树斋） "沏一壶好
茶的方法" P.42、43/ 带嘴急须（灰）¥6,000; 茶杯（灰）各 ¥1,500（以上来自かもし
か道具店） P.43/ 一番摘有机月濑煎茶、焙茶 各 ¥1,000（中川政七商店） "祈求孩
子健康成长的端午节" P44、45/ 洗澡玩具 ¥5,000（山のくじら舍）

水无月 · 六月

"梅雨季的防潮妙招" P.46/ 雨衣 (海军蓝) ¥17,500 (TO&FRO); 月星短款雨鞋 ¥3,900 (MOON STAR); 雨天用包 (绀色) ¥13,000; 棉麻条纹长伞 (黄) ¥15,000 (以上来自中川政七商店) P.47/ 左上 / 旅行帽 (浅蓝) ¥7,700 (TO&FRO); 晴天娃娃毛巾 (原色) ¥950 右上 / 浴巾架 ¥1,800; 绒纱毛巾 (薄茶色) ¥3,800 右下 / 雨天用环保包 (薄墨色、橙色) 各 ¥2,800 左下 / 袜子状的鞋子除臭剂 (杂色灰) ¥1,500; 帆布鞋 (白) ¥17,000 (以上来自中川政七商店) "换季与洗衣" P.48/THE 洗衣剂 (500ml) ¥2,500 (THE); 宽洗衣筐 (原色) ¥12,000; 附袋子的铝夹 ¥1,500 (以上中川政七商店) P.49/ 上 / 洗衣剂 · 向着大海 (200ml) ¥1,250; ZEBRA 白 (150ml) ¥1,500 (以上来自がんこ本舗) 下 /THE STAIN REMOVER 白 (250ml) ¥1,380ml (THE)

文月 · 七月

"清爽的白色和原色手织麻" P.50/ 原色手织麻阳伞 ¥36,000 P.51 左上 / 手织麻 T 恤 ¥27,000 (中川政七商店) 右上 / 里 / 巴黎世博会手帕 (复制版、002、黄) ¥1,589 (motta) 外 / 巴黎世博会手帕 (所藏资料) 右下 / 手织麻挎包 ¥7,500 左下 / 白色挂毯 ¥24,000 (以上来自中川政七商店) "日本传统色的手织麻" P.52 左上 / 真田纽纵向大提包 (白鼠色) ¥4,900; 蛙嘴式小钱包 (白鼠色) ¥2,800; 手织麻牙签盒 (白鼠色) ¥900 右上 / 真田纽纵向大提包 (绯色) ¥9,500 右下 / 收纳小包 (深紫) ¥3,000; 礼金袋 (深紫) ¥2,500; 卡包 (深紫) ¥1,800 左下 / 手织麻拖鞋 (黄唐茶色) ¥3,800 (以上来自游 · 中川) "装点生活的彩色手巾" P.54/ 手巾 (在珠宝闪烁的夜空中 · 夏、ROND) 各 ¥1,600 P.55/ 麻叶注染手巾 (曙、宵、暮合) 各 ¥1,500 (以上来自にじゆら); 针线盒 ¥2,500 (中川政七商店); 针包 ¥1,000 (游 · 中川) "专栏 2 · 麻织物 '奈良晒' 与中川政七商店" P.56/ 奈良御茶巾 ¥800 (中川政七商店)

叶月 · 八月

"带来凉意的夏日风情诗" P.59/ 短袖连衣裙 (墨色) ¥8,500; 五分衬裤 (格子绀色) ¥4,900; 团扇 (夏景 · 夏之星) ¥1,500 (以上来自中川政七商店); 渔夫拖鞋 (浅蓝) ¥1,500; 男性 T 恤 (私人物品) P.60/ 下 / 团扇 (夏景 · 夏草) ¥1,500; 椅子坐垫 (麻) ¥3,800 (以上来自中川政七商店); 富士山玻璃杯 ¥3,776 (Sghr スガハラ); 盘 (红) ¥9,000 (aisomo cosomo) P.61/ 午睡枕头 (波浪) ¥4,200; 信乐烧线香钵 (青 · 大) ¥3,800 右上 / 江户风铃 (白水玉) ¥3,500 "夏日旅行的准备" P.62 右 / 旅行拖鞋 (绿) ¥3,500 中 / 收纳包 (L 浅蓝) ¥3,000、(M 海军蓝) ¥2,500、(S 红色) ¥2,000 (以上来自 TO&FRO); 粗条纹汗布 T 恤 (灰白) ¥4,200 (中川政七商店) 左 / 一次性用品收纳小包（浅蓝）¥2,700; 旅行牙刷（绿）¥1,300（以上来自 TO&FRO）；大麻籽油身体皂（50ml）（参考商品）；绒纱条纹毛巾（薄墨）¥900（中川政七商店）P.63/ DOCTORSMAN（原色 × 白色 L）¥14,000（bagworks）；收纳包（S 红）¥2,000、（M 海军蓝）¥2,500; 一次性用品收纳包（浅蓝）¥2,700; 旅行牙刷（绿）¥1,300; 旅行太阳镜（黑色）¥27,000（以上来自 TO&FRO）；开襟衫（白）¥11,000; 亚麻布帽子（双面黑）¥6,500; 户外防晒喷雾（160ml）¥1,600（以上来自中川政七商店）;FISHERMAN'S 羊毛毯 CAMEL（140cm×100cm）¥4,200（COURT）；其他小物品（私人用品）"串联思绪的念珠"P.64/ 念珠（虹色）¥20,000、（红梅）¥15,000 P.65/ 浮叶 ¥15,000; 坐具（木莓）¥2,500（以上来自ひいらぎ）

长月·九月

"菊花节与锡制酒器"P.66/ 三百周年纪念酒器套装 ¥50,000 P.67/ 纯米吟酿三百年（迷你孤樽·300ml）¥2,300、（瓶·720ml）¥2,000（以上来自中川政七商店）"秋夜闻香"P.68/ 闻香体验活动会定期开展，可学习香炉的操作方法、香的闻法。（薰玉堂＊需预约）"香气生活"P.70 左上 / 香袋（祇园的舞伎）¥800 右上 / 涂香包 ¥2,000; 涂香（老山白檀）¥1,200 右下 / 印香（5 个装）¥1,500 左下 / 观月香皿 ¥3,600 P.71 右 / 香立 ¥500；香筒 ¥3,000; 线香（堺町 101、大原的大波斯菊）各 ¥1,500 上 / 碳团 ¥1,500（以上来自薰玉堂）

神无月·十月

"结缘的神在月"P.73 右 / 兔子神签（桃色、白色）各 ¥350 左 / 一对兔子御守袋（原色、赤色）各 ¥700; 勾玉（紫水晶）¥2,000、（青玛瑙）¥1,700、（赤玛瑙）¥2,500 、（蔷薇石）¥1,500（以上来自すえこ）"晚秋的防寒妙招"P.74/ 麻之实油的手霜（60g）¥1,800; 身体乳（100g）¥2,300; 按摩油（60ml）¥3,000；政七穴位按摩器 ¥3,800；按摩木块（樱木）¥1,500; koma 屋的穴位推搓 ¥1,700（以上来自中川政七商店）；FISHIRMAN'S 羊毛毯（灰 90cm×60cm）¥22,000（COURT） 下 / 舒适的围腰（丝原色）¥3,800; 丝棉围脖（墨色）¥2,500; 更暖和的厚短袜（红色）¥2,000; 防寒绢棉袜套装 ¥4,200（以上中川政七商店）"应对寒冷的围巾围法"P.76/ 围巾（赤色）¥18,000; 连衣裙（薄墨）¥18,000 P.77/ 右上 / 蚊帐围巾（黑色）¥4,800（以上来自游·中川）；棉麻 RaglanWorkT 恤 ¥14,000; Nora pants（墨色）¥12,000（以上中川政七商店） 左上 / 蚊帐围巾（茶色）¥4,800（游·中川）；衣服（私人物品） 下 / 竹节丝绯织羊毛杂色纱线围巾 ¥4,800; 衣服（私人物品）"针织衫的日常护理"P.78、79/Tate（蓝绿、芥末色）各 ¥13,000（mino）；刷子（私人物品）

霜月·十一月

"品尝新米的新尝祭""下饭小菜推荐"P.80、81、82、83/ 饭锅（黑·2 合）¥4,800;
饭勺 ¥1,600（以上来自かもしか道具店）;茶碗（圆形图案、麻叶图案）各 ¥1,400（马
场商店）;月山缎通的锅垫（薄墨）¥2,300;豆纹擦布 ¥400（以上中川政七商店）P.82
左 / 下饭菜器皿（白、紫）各 ¥2,000 P.83 右 / 下饭菜器皿（白、黑）各 ¥2,000（以
上来自かもしか道具店）;餐垫（墨色）¥12,000（中川政七商店）左 / 豆纹擦布 ツ
バキ ¥400（中川政七商店）;碟子（私人物品）;A 南蛮纳豆（100g）¥280（酢屋古正），
B 米饭之友（57g）¥200（フタバ）;meshidorobo 渍（190g）¥350（うら田）;D 拌饭
鸡肉薄片（原味、酱油味·25g）各 ¥278（轰屋）;E 菊芋味噌渍（200g）¥700; F 上
おぼろ（45g）、黑おぼろ（80g）各 ¥400（乡田商店）"充满果实的每一天"P.85/
右 / 百年柿·嘉来（6 个装）¥5,000 左 / 木梨果子露（200ml）¥1,200（以上来自
堀内果实园）

师走·十二月

"正月大扫除"P.88/手提水桶(橙色)¥5,800;可固定垃圾袋的垃圾桶(奶油色)¥3,500;
抹布 ¥400;自在帚 ¥5,800（以上中川政七商店）P.89/ 左上 / 平织真丝掸子 ¥1,500（白
木屋傅兵卫）;家务服（短款细条纹·绀色）¥6,800 右上 / 地毯清洁滚筒 ¥6,500（以
上来自中川政七商店）NITOM 的 COLOCOLO 系列替芯（红·2 个装）¥800（THE）
右下 / 小笤帚 ¥1,300（白木屋傅兵卫）;吉野桧的簸箕 ¥4,800 左下 / 厕所刷（以上
来自中川政七商店）"工具的保养"P.90/ 金缮的相关业务，详情请咨询漆琳堂 P.91/
菜刀三德 ¥9,000; 砥石基本套装 ¥4,500（以上来自庖丁工房忠房）;花擦布（麻）(游·中
川）"袜子猴"P.92/ 宽松边花厚袜 "想要重新置办的生活用具"P.94/ 蚊帐质地睡
衣 ¥12,000;绒纱条纹浴巾（绀色）¥3,800;脸巾（绀色）¥1,600;手巾（绀色）¥900（以
上来自中川政七商店）;MISOKA 的 THE TOOTH BRUSH 系列（海军蓝、白、红）
各 ¥1,400（THE）;不紧绷的袜子 Dip（厚·灰、米）各 ¥1,300（2&9）P.95/ 花擦布 ¥700
（游·中川）;吉野桧的砧板（长方形、正方形）各 ¥2,800 下 / 拭漆筷子（黑、赤）
各 ¥1,500;棉麻餐垫（水色、赤）各 ¥1,500（以上来自中川政七商店）;蓝驹茶碗（小）¥900、
（大）¥1,000（马场商店）"专栏 3·日本的赠礼文化"P.96/ 问候的擦布各 ¥500（中
川政七商店）

主要参考文献

大島建彦 編『餅（双書フォークロアの視点）10』（岩崎美術社）

白井大 文、有賀一広 絵『日本の七十二候を楽しむ――旧暦のある暮らし――』（東邦出版）

广田千悦子『おうちで楽しむにほんの習わし』（技術評論社）

竹中龙太、川口澄子、荒川洋平『日本のたしなみ帖しきたり』（自由国民社）

武井武雄『日本郷土玩具（西の部）』（地平社書房）

山下景子『美人の日本語』（幻冬舎）

野呂希一、荒井和生『言葉の風景』（青菁社）

ネイチャー・プロ編集室『自然のことのは』（幻冬舎）

今西英雄、柴田道夫、土井元章、腰冈政二 編『花の園芸事典』（朝倉書店）

山田卓三、中島信太郎『万葉植物事典――万葉植物を読む』（北隆館）

大場秀章 編『植物文化人物事典――江戸から近現代・植物に魅せられた人々』（日外アソシェーツ）

日野原健司、平野恵『浮世絵でめぐる江戸の花――見て楽しむ園芸文化』（誠文堂新光社）

国史大辞典編集委員会 『国史大辞典』（吉川弘文館）工藤雄一郎、国立歴史民俗博物館 編『ここまでわかった！縄文人の植物利用（歴博フォーラム）』（新泉社）

涩谷申博『知っておきたい日本のしきたり――大切にしたい和の暮らし』（日本文芸社）

户田胜久『南方録の行方』（淡交社）

熊仓功夫『南方録を読む』（淡交社）

竹内诚『徳川幕府事典』（東京堂出版）

仓地克直『江戸文化をよむ』（吉川弘文館）

大石学 編著『史上最強カラー図解 江戸時代のすべてがわかる本』（ナツメ社）

金光章『民藝とくらしき』（吉備人出版）

咨询

中川政七商店・遊 中川・日本市・2&9・motta・aisomo cosomo・お椀や うちだ・漆琳堂・バッグワークス・THE・かもしか道具店・TO&FRO・山のくじら舎
以上商品
中川政七商店
0743-57-8095
http://www.nakagawa-masashichi.jp

博多水引　参见P.129
松山陶工場　0595-43-0345
光浦醸造工業　参见P.129
しづはた焼 秋果陶房　参见P.129
奈良一刀彫工房　西ノ京　参见P.129
HASAMI、馬場商店／マルヒロ　0955-42-2777
榛原　参见P.129
堀内果実園　参见P.129
山本佐太郎商店　058-262-0432
ムーンスター　0800-800-1792（フリーアクセス）

がんこ本舗　参见P.129
にじゆら　参见P.129
Sghr スガハラ／スガハラショップ青山
03-5468-8131
マツシタ靴店　0465-24-2233
COURT　参见P.129
ひいらぎ　参见P.129
薫玉堂　参见P.129
えすこ　参见P.129
mino　参见P.129
庖丁工房タダフサ　参见P.129
ソックモンキー　参见P.129
白木屋傳兵衛　03-3563-1771
酢屋吉正　http://www.suyakissyo.com
フタバ　http://www.gohannotomo.co.jp
うら田　http://tsukemono-urata.com
轟屋　http://todorokiya.shop-pro.jp
まるや八丁味噌　http://www.8miso.co.jp
郷田商店　http://www.godashoten.com

128

致谢

P.5 ながさわ結納店／博多水引
092-271-0813
http://www.hakatamizuhiki.
co.jp

P.9 前原製粉
079-266-0520
http://www.gishi.co.jp

P.18 光浦醸造工業
0835-32-0020
http://mitsuura.jp

P.20 しづはた焼 秋果陶房
054-271-2480
http://tuhanshizuoka.com/
shizuhata.html

P.22 奈良一刀彫工房 西ノ京
0742-41-0694

P.29 榛原
03-3272-3801
http://www.haibara.co.jp

P.32 おやつやお
058-231-5051
http://mattin.jp

P.42 月ヶ瀬健康茶園
0743-92-0739
http://www.tukicha.com

P.48 がんこ本舗
0467-84-5839
http://www.gankohompo.com

P.54 ナカニ／にじゆら
072-271-1294
http://nijiyura.jp

P.64 ペンネンノルデ／ひいらぎ
03-5809-0013
http://hiiragi-tokyo.com

P.68 薫玉堂
075-371-0162
http://www.kungyokudo.co.jp

P.72 出雲大社
0853-53-3100
http://www.izumooyashiro.or.jp

P.73 島根県立古代出雲歴史博物館
http://www.izm.ed.jp

P.73 えすこ 出雲大社前店
0853-31-4035
http://www.magatama-sato.com/
esuko/

P.78 サイフク／mino
0250-43-3129
http://mino-knit.com

P.84 堀内果実園
0747-20-8013
http://horiuchi-fruit.jp

P.90 漆琳堂／漆琳堂・お椀や うちだ・
aisomo cosomo

P.91 タダフサ／庖丁工房タダフサ
0256-32-2184
http://www.tadafusa.com

P.92 香音／ソックモンキー
info@kanon-t.com

P.98 堀田カーペット／COURT
0725-46-6161
http://www.carpetroom.jp

P.106 0778-65-0630
http://www.shitsurindo.com

P.114 三宅松三郎商店
086-465-2043

中川政七商店品牌介绍

中川政七商店
以"温故知新"为根本理念，重视产品品质，提出根植于家和生活、兼顾美观与实用的生活用具概念，从器皿、厨房用具到时装、文具等等，各种实用产品一应俱全。

游·中川
以"日本布"为概念，将日本自古传承至今的素材、技术、设计与现代时尚相结合。对从服装到披肩、箱包的一系列时尚物品，提出了整套造型风格规划。

日本市
以"日本土特产"为概念，介绍全国各地的特产、工艺品，收集符合当地特有主题的有趣商品。该品牌的目标是在土特产业界树立"自产自销"模式。

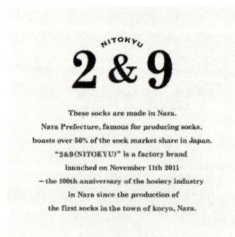

2&9
一个立足于工场的品牌，在奈良县的袜子工场仔细研究、精心制作每一双袜子。以"想要反复穿的袜子"为概念，以生产不分年龄性别、受到全世界喜爱的袜子为目标。

motta
中川政七商店于1925年巴黎世博会上展出了麻手帕，成立了"放松手帕"（肩つじはらないハンカチ）品牌。生产各种各样兼具实用和美观的原生材质手帕。

花园树斋
该品牌以"想要带回家的日本园艺"为理念，致力于重建江户时代繁盛的园艺文化。植物采集者西畠清顺寻找到的植物与中川政七商店制作的工艺邂逅，传达园艺文化的乐趣。

日文版编辑人员

取材	細萱久美 (中川政七商店)	フードスタイリング	舟木貞裕
撮影	木村正史	本文イラスト	羽田えりな (中川政七商店)
ブックデザイン	漆原悠一 (tento)		東　恵子
カバーイラスト	白尾可奈子	編集協力	宮前晶子
スタイリング	楠田英紀	編集	上岡祐樹 (PHP研究所)
			キムラミワコ

致谢

ロケーション協力　FOOD WORKER FUNAKI